新型农村金融机构业务指导手册

孙艺军　编著

金盾出版社

内 容 提 要

本书主要介绍和阐述了新型农村金融机构，包括村镇银行、农村资金互助社、小额贷款公司与融资性担保公司，有关的金融知识、业务管理和运营方式，并对相关政策进行了解读。内容新颖，针对性、实用性和可操作性强，适合广大新型农村金融机构工作人员、深入研究新型农村金融机构的人士及农业院校有关专业师生参考阅读。

图书在版编目(CIP)数据

新型农村金融机构业务指导手册/孙艺军编著．—北京：金盾出版社，2014.4

ISBN 978-7-5082-9055-3

Ⅰ．①新…　Ⅱ．①孙…　Ⅲ．①农村金融—金融组织—中国—手册　Ⅳ．①F832.35-62

中国版本图书馆 CIP 数据核字(2013)第 307509 号

金盾出版社出版、总发行

北京太平路 5 号(地铁万寿路站往南)

邮政编码：100036　电话：68214039　83219215

传真：68276683　网址：www.jdcbs.cn

封面印刷：北京精美彩色印刷有限公司

正文印刷：北京万博诚印刷有限公司

装订：北京万博诚印刷有限公司

各地新华书店经销

开本：850×1168 1/32　印张：6.5　字数：150 千字

2014 年 4 月第 1 版第 1 次印刷

印数：1～6 000 册　定价：15.00 元

序　言

2014年伊始，中共中央、国务院印发了《关于全面深化农村改革加快推进农业现代化的若干意见》。这是自2004年以来，中央一号文件连续11年聚焦三农主题。2014年中央一号文件再次强调了创新发展农村金融的重要性。文件要求强化金融机构服务"三农"职责，强化商业金融对"三农"和县域小微企业的服务能力，更提出支持发展新型农村合作金融组织，不断丰富农村地区金融机构类型。坚持社员制、封闭性原则，推动社区性农村资金互助组织发展，并且准备在适当时候制定农村合作金融发展管理办法。同时一号文件还要求供销合作社按照"改造自我，服务农民"的要求，创新组织体系和服务机制，打造成为为农民生产生活服务的生力军和综合平台。并且明确提出支持供销合作社发展农村合作金融，引导推动有条件的地区规范发展立足于合作社以农民为主体的合作金融组织。

融资难，已成为目前制约中国"三农"发展的重要因素之一。坚持发展农村合作金融，是破解农村金融困境的一个重要的途径。新型农村互助合作金融组织是极具中国特色的农民自愿联合形成的经济合作组织，具有灵活性、救助性、资金互助性质，它服务的对象是组织内的成员，成员既是生产者、经营者，又是提供与利用服务的对象。它既是合作金融组织的一种形式，又是民间金融的一部分。作为中国农村金融体系的有力补充，中国农民需要真正属于自己的合作金融组织，以严格监管、建立退出机制为前提，确立农民主体地位，引导农民，坚持三性原则，发展新的农村合作金融组织，建设竞争性的农村金融体系，是解决中国农村金融问题的必然抉择。当然，新型农村合作金融组织在发展中要防止发生“异变”，有效防范金融风险。

供销合作社系统一直致力于创新发展农村金融。2013 年，供销合作社系统参股农村商业银行(村镇银行)20 个，成立小额贷款公司 29 个，农村资金互助社 8 个。在引导推动规范发展农村金融业务和组织创新方面起到了积极的作用。当然，这样的规模和速度远远不能满足农村经济发展的需要。

人才是新型农村合作金融发展的制约因素之一。金融业务政策性性强，影响面广，风险性高。而合作金融形式多样，模式并没有十分成熟，且还缺少全面而严格的管理法规，各地都还处在探索过程中。这就使得在其发展过程中，产业人员的素质成为非常重要的要素。人才的缺乏，不仅仅是供销合作社领域面临的难题，也是整个农村金融领域一个普遍的现象。中华全国供销合作总社培训中心最近几年积极介入到农村金融人才的培养中，为供销合作社系统，以及专业合作社领域进行了大量的培训工作，积累经验。我们深感需要一本有针对性的教材，结合供销合作社的实际，普及农村金融知识，提高管理人员素养。

我们很高兴看到总社培训中心的孙艺军老师编写的《新型农村金融机构业务指导手册》得以出版，弥补了供销合作社系统在发展农村金融培训方面的教材欠缺。这本书以浅显的道理和非常朴实的语言，结合大量的案例介绍了农村金融知识、业务管理规则，对供销合作社系统发展新型合作农村金融组织，对专业合作社开展金融业务都有十分有益的帮助。我们更希望供销合作社系统各级组织都能够重视学习农村金融人才培养。我们坚信，在未来农村经济的发展中，谁拥有人才，谁就会抢得先机，在农村金融业务的拓展中，尤其如此。

北京商业管理干部学院党委书记、院长
杨　谦
中华全国供销合作总社培训中心主任

序

——为《新型农村金融机构业务指导手册》而作

孙艺军副教授撰写的《新型农村金融机构业务指导手册》是一本有学习、研究、操作参考价值的、有现实意义的著作。本书对发展农村金融的意义、农村银行业金融机构的类型和农村金融服务体系的发展规模、农村金融的政府政策，尤其是对新型农村金融机构的发展状况、特点和政府政策，以及农村金融面临的非法集资等法律风险，都作了概要或详尽的介绍和阐述。本书主要介绍、讨论、解读和阐述了新型农村金融机构，包括村镇银行、农村资金互助社、小额贷款公司和融资性担保公司的运营和相关政策。对新型农村金融机构的实践者的操作，有实际可行的针对性和适用性；对有兴趣深入研究新型农村金融机构的人士也颇有参考价值。

十八届三中全会《决定》第一次在中央文件和中央决定中明确提出"发展普惠金融"。而过去的中央文件，则多次和一贯的强调加快金融体制的改革和创新，改善农村金融服务，支持鼓励发展各种类型的小额信贷和小微企业金融服务。发展普惠金融既是金融服务城乡一体化发展的需要，也是破解农村金融仍然是金融领域最薄弱的环节的要求。本书介绍和阐述了新型农村金融机构，自然也是普惠金融的有机组成部分。

我国当前和今后一段时期继续进行金融改革，尤其是农村金融改革，基本要求和目标应是：建立满足或者适应城乡多层次金融需求的，功能完善、分工合理、产权明晰、管理科学、监管有效、竞争适度、优势互补、可持续发展的普惠性的完整金融体系。然而，要实现这一基本要求和目标依然任重而道远。

当前农村金融存在的主要问题的具体表现是：金融供求之间的不平衡，农村金融机构的覆盖面、供给规模以及深度都与需求有很大差距，农村金融适度竞争的局面还没有形成。这是中央政府和监管部门于2007—2008年制定设立农村新型金融机构政策法规的初衷和缘由。另外，我国整个金融市场的不均衡性是显著的，我国目前金融资源配置存在四大不平衡：大中小金融机构不平衡；东中西部金融不平衡；城乡金融不平衡；直接间接金融不平衡。而且，农村金融最大问题之一是政策性、商业性和合作性金融的不平衡，形成社会性和市场性的矛盾，造成商业性金融机构缺乏积极性。为此人们普遍认为要建立“市场与政府扶持相结合的农村金融资源配置体系”，财税通过贴息减免税方式对商业性金融机构予以补贴。但是也有人认为，这个“度”如何把控很难，对不同机构可能应区别对待。另外，还有人有一种纠结，像孟加拉“乡村银行”那样的穷人银行，除早期需要政府资金支持外，并不要求外部补贴资助也能可持续发展，其他金融机构就更不应强调政府的资助。这些问题，都需要进行更深入的研究和探讨。

农村金融服务“三农”和小微企业，事关民生大计。国家金融监管部门和农村金融系统紧密结合当前我国“三农”发展的特点，着力从制约农村金融服务的关键环节入手，构建多层次发展的农村金融组织体系，加强投向监管，确保涉农贷款持续增加；统筹强化对农村各类市场主体的金融服务；引领加快农村金融产品和服务方式创新；努力推进全国乡镇基础金融服务全覆盖工作；协调构建农村金融扶持政策制度框架。成果有目共睹，然而，农村金融改革创新的任务仍然艰巨繁重。本书作者孙艺军所阐述的内容也诠释和证明了这一事实。在此，笔者愿意就本书作者诠释的新型金融机构的话题再多做一些理论上的探索思考和讨论。

一、新型农村金融机构发展基本现状

积极创建农村现代普惠金融制度，包括推进新型农村金融机构健康发展是中央政府的要求，是“三农”和小微企业的期盼，是农村金融改革发展的应有之意。推进新型农村金融机构健康发展对引导和发挥社会民间资本的积极作用，提高农村金融机构覆盖面，增加增量资金供给，缓解农村资金外流和供不应求局面，完善竞争性农村金融市场都有重要的积极作用。2008 年，人民银行和银监会出台《关于村镇银行、贷款公司、农村资金互助社、小额贷款公司有关政策的通知》和《关于小额贷款公司试点的指导意见》，明确了对四类新型机构的扶持政策和促进小额贷款公司规范发展的措施。

目前，新型农村金融机构在地域分布上，中西部地区占 6 成以上。截止 2013 年 3 月底，全国村镇银行注册 903 家，开业 803 家，超过 40 家的省份包括内蒙古、江苏、河南、山东、辽宁、安徽、浙江和四川，总资产 4 540 亿元，总贷款 2 636 亿元，总负债 3 855 亿元，总存款 3 164 亿元，实现盈利的村镇银行占 80％。截至 2013 年 9 月，全国小额贷款公司机构数达到 7 398 家，实收资本 6 252 亿元，贷款余额 7 535 亿元。

二、新型农村金融机构发展中的一些问题

我们说农村金融是金融体系中最薄弱的环节，事实上，尤为突出体现其“最薄弱”的表现是：服务和扎根于县城以下的乡镇和村庄农村地区的一些金融机构，其态势并没有与迅速发展的“三农”和小企业成正比，成为影响“三农”和农村小企业发展的瓶颈制约。当前，我国“三农”和农村的小微企业在投融资上仍严重“缺血”。

农村金融机构少且门槛仍然偏高。在我国广大农村地区，尤其是在乡镇以下地区，除农村信用社系统（含农商行和农合行）这一主要金融机构和少量邮储行、小额贷款公司及村镇银行外，几乎再无其他金融机构。国有和股份制金融机构主要在县城，离农村基层较远，而且这些机构的贷款一般多放大不放小，助富不扶贫，进城不下乡，这让乡镇及以下农户和发端于农村的很多小微企业获取金融供给服务相当困难。

相比较于小额贷款公司发展的速度，村镇银行和农村资金互助社等的发展速度已经非常慢了。同是作为破解农村金融薄弱环节的重点举措，村镇银行和农村资金互助社等机构与小额贷款公司发展速度相差悬殊，因此村镇银行和农村资金互助社等完全可以发展得更快些，同时也说明事实上它们发展的困难程度。

农村资金互助社一般说来是以农民为主体的合作金融组织，是提高农民进入市场组织化的载体，是提高农户信用交易地位的组织，是国家帮助农民和扶持农业的重要抓手。而且，由于农村信用社的商业化改革取向，目前我国农村实际上很难说有多少真正的合作金融机构。农村资金互助社从理论和实践上都应成为探索真正合作金融的一支重要力量。然而现实是它的发展困难重重，

步履维艰，至今政策出台已 5 年多了，银监会实际上才批准建立了 49 家。而且，资金来源渠道不畅已成为农村资金互助社发展的主要障碍之一，虽然监管部门制度上允许农村资金互助社向银行机构融资，但现实中却很难执行。

现有的村镇银行、小额贷款公司，甚至一些资金互助社，无论是中西部还是东部普遍都有一个追求服务本地区较发达和目标群体较富有（东中西部各自的相对富裕地区，县城及周边地区，以及富裕客户与大客户）的倾向，而这不是监管当局发起村镇银行和小额贷款公司等的初衷。

面对当前农村金融机构网点覆盖率低、服务水平不高、金融供给不足、竞争不充分等现状，“三农”和小企业要想获得持续发展，加快培育与“三农”和小微企业相匹配的农村新型金融机构，显得非常紧迫。

三、发展新型金融机构的若干政策思考

在认真总结前一段工作经验、切实加强和优化监管及风险防控的基础上，应加快新型农村金融机构培育步伐，积极探索集约化、标准化和专业化管理模式，鼓励和支持有条件的农民专业合作社开展信用合作，鼓励发展适合农村特点和需要的各种小额信贷和普惠金融服务。只有通过所有金融机构的共同努力，加快培育农村新型金融机构，困扰农村经济发展多年的症结、“三农”和农村小微企业贷款难、贷款贵的问题，才能有望得到切实缓解。

1. 完善政策法规，鼓励发展

应当适当降低农村金融机构的准入“门槛”，吸引各类社会资本到农村地区参与农村金融业的发展，促进金融资源优化配置，从

而促进金融这一杠杆向“三农”和小微企业倾斜。

商业银行掌握着大部分的金融资源，具有管理优势、人才优势、市场优势和网络技术优势，要鼓励和促进商业银行牵头创建新型农村金融机构，通过创新管理构架，探索成立农村业务部、管理公司和控股公司等方式投资组建村镇银行。同时要完善政策，吸引更多民间资本投资小额贷款公司和村镇银行，并加强有效监督管理，确保这些新型金融机构依法经营，健康发展。

此外，要积极引导企业和农户，以及各地行业组织、乡镇商会建立的互助资金等组织规范化运作，推动它们合法化，并且加强监管，防范风险，促进这些新型农村资金互助组织的健康发展。

特别应注意思考研究的是“贫困村互助资金”项目的可持续发展问题，应将它发展成农村新型合作金融组织。从 2006 年至今，国务院扶贫办和国家财政部在全国中西部为主的地区的近两万个贫困村开展了“贫困村互助资金”项目，现有近百亿元的资金在周转，这是非常现实、宝贵的合作金融的雏形和基础。相当于农民在政府资金和技术的支持下，在村里自己组织的小银行，农民以资金入股成为股东，在社员之间进行资金互助。

这种合作金融的雏形和基础应保留下来，辅之以进一步的专业和管理培训、进行有效运行和风险防范制度机制的规范引导，完善外部监管和内部管理，呵护其健康成长和发展壮大。应本着因地制宜、区别对待、分别指导的原则，对具备条件的，在法律上承认其合法地位，建立起农民自己的真正的合作金融机构。如发展得好，政府和金融机构则应该进一步对其提供支持和帮助。这近两万个贫困村的资金互助项目绝不应仅视为短期项目，任其自生自灭，而应以此为基础，真正使之发展成为合规的、有可持续前景的农民资金互助社形式的合作金融组织。

2. 新型农村金融机构的定位要准

村镇银行、小额贷款公司和资金互助社等新型金融机构的服务目标定位一定要准，即服务于大中型银行不愿意服务的小微企业和三农等低端客户和弱势群体。中国人民银行、银监会等政府部门应该重点引导村镇银行、小额贷款公司和资金互助社等新型金融机构去欠发达地区服务于小微企业和三农等低端客户。

在服务对象上，继续做好农户和农村小微企业信贷支持，把农民工、专业大户、家庭农场、农技服务组织、农民专业合作社以及农业产业化龙头企业，列入重点支持范围。

3. 探索适合为小微企业和“三农”低端客户服务的新模式

村镇银行和小额贷款公司等应大力探索适合为小微企业和“三农”等低端客户服务的新模式。应不断改进服务方式，丰富金融产品，信贷投向要适合当前农村经济社会发展的需求，尤其是农村大量小微企业和个体工商户及农户的需求。应根据还款的意愿和还款的能力来确定贷款的额度，而不是像传统银行一样盯着财务报表和抵押担保等。继续大力发展不需抵押担保的农户小额信用贷款、联保贷款、银(社)团贷款，着力探索“银行(社)＋企业＋农户＋合作社(协会)＋保险＋担保”等信贷合作服务模式。另外还要积极创新产品和手段。

4. 探索进一步的改革

监管部门和相关政府部门还应该在现有政策的基础上，对坚持做低端客户和小额贷款的村镇银行和小额贷款公司给予鼓励性政策扶持；对发展模式、风险控制、业绩等做得好的村镇银行和小额贷款公司考虑开展一些突破现有规定的试点工作，如放开银行控股以及服务区域适当扩大等。

在银监会等监管部门力量和能力进一步加强的情况下，为加快村镇银行、农民资金互助社等新型金融机构建设的步伐，胆子应大一些，步子应快一些。对商业性小额贷款公司应注意针对不同地区的发展程度和实际表现，区别情况，掌握发展节奏，解决突出问题。对公益性制度主义小额信贷组织，即服务于贫困地区的中低收入者和贫困群体，同时追求自负盈亏和可持续发展的小额信贷组织，应采取切实举措，支持和鼓励其健康发展，因为它们的扶贫和社会发展作用是一般现存的新型农村金融机构所不愿意承担也难以发挥的。

中国社会科学院农村发展所研究员
中国社会科学院贫困问题研究中心副主任　杜晓山
中国小额信贷联盟理事长

目　录

第一章　总论……………………………………………………（1）

1. 为什么要发展农村金融？鼓励发展农村金融的政策主要有哪些？具有什么意义？ ……………………（1）

2. 历年中央一号文件中,关于鼓励发展新型农村金融的内容,具体是如何规定的？ ……………………（3）

3. 国务院关于鼓励民间资本支持农村金融发展的政策，主要有哪些？ ……………………………………（6）

4. 中国银行业监督管理委员会(以下简称“银监会”),关于鼓励发展新型农村金融机构的文件主要有哪些？ ……………………………………………………（8）

5. 财政、税务部门关于扶持新型农村金融机构发展的文件主要有哪些？ ……………………………（9）

6. 目前支持“三农”发展的银行类金融机构主要有哪些？农村金融服务体系的发展规模如何？ …………（11）

7. 如何界定新型银行类农村金融机构？ ……………（12）

8. 新型银行类农村金融机构具有哪些特点？ ………（12）

9. 目前我国新型农村金融机构的发展现状如何？ ………（13）

10. 民间资本参与农村信用合作社改革,有什么政策支持？ ……………………………………………………（14）

11. 各类新型农村金融机构的法律地位与性质主要区别有哪些？ ……………………………………………（14）

12. 各类新型农村金融机构的设立条件,主要有哪些区别？

…………………………………………………… (15)
13. 各类新型农村金融机构资金来源主要有哪些？ …… (17)
14. 各类新型农村金融机构业务范围有哪些不同？ …… (18)
15. 农村金融发展中如何防范风险？ ………………… (19)
16. 什么是非法集资？主要有哪些特点？如何界定非法集资的罪与非罪？ ………………………………… (20)
17. 什么是非法吸收公众存款或者变相吸收公众存款罪？如何认定？诈骗行为的表现主要有哪些？ ……… (21)
18. 非法吸收公众存款或者变相吸收公众存款的，如何界定罪与非罪？量刑标准是如何规定的？ ……… (22)
19. 什么是集资诈骗罪？如何认定？有哪些行为表现？ …………………………………………………… (24)
20. 集资诈骗罪与非罪的界定标准是什么？如何量刑？ …………………………………………………… (24)
21. 什么是高利转贷罪？该罪的立案标准是如何规定的？ …………………………………………………… (25)
22. 高利转贷罪有哪些特征？如何量刑？ ……………… (26)
第二章　农村资金互助组织 ……………………………… (27)
23. 目前我国农村资金互助组织存在哪些形式？ ……… (27)
24. 农村资金互助社设立、运营与管理的主要政策、法律依据有哪些？ ………………………………… (27)
25. 什么是农村资金互助社？农村资金互助社具有哪些特征？ ……………………………………… (28)
26. 设立农村资金互助社应当具备哪些条件？ ………… (29)
27. 如何制定农村资金互助社的章程？ ………………… (29)
28. 农民及农村小企业向农村资金互助社入股应符合哪些条件？需以什么方式出资？对其出资比例有什么限制？ ……………………………………… (29)

29. 农村资金互助社申请筹建阶段的主要工作程序有哪些？ …………………………………………………………………… (30)
30. 农村资金互助社申请筹建阶段，应当提交的文件及具体要求有哪些？ ………………………………………………… (31)
31. 农村资金互助社申请筹建阶段的审核内容主要有哪些？ …………………………………………………………………… (33)
32. 农村资金互助社开业工作程序主要有哪些？ ……… (33)
33. 农村资金互助社开业阶段，应当提交的主要文件及具体内容有哪些要求？ …………………………………… (34)
34. 农村资金互助社开业审核的主要内容有哪些？ …… (36)
35. 农村资金互助社可以设立分支机构吗？ ………… (37)
36. 农村资金互助社的资金来源主要有哪些？资金主要用于哪些方面？ …………………………………………… (37)
37. 农村资金互助社可以经营哪些业务？ …………… (38)
38. 农村资金互助社可以向非社员吸收存款、发放贷款吗？能否以该社资产为其他单位或个人提供担保？向社员发放贷款的富余资金如何运作？ ……… (38)
39. 农村资金互助社发放贷款应当坚持什么原则？对其发放贷款有哪些限制？ ……………………………… (38)
40. 农村资金互助社的社员股金可以转让、继承吗？如果社员申请退股应当怎么办理？ ……………………… (39)
41. 社员退社后，其在社员资格终止前与农村资金互助社订立的合同是否要继续履行？社员能否要求退还股金和积累的份额？ ……………………………… (40)
42. 农村资金互助社如何建立组织机构？其职责及议事规则有哪些要求？ …………………………………… (40)
43. 农村资金互助社的理事、监事及经理如何产生？理事与经理应当具备什么资格？谁是资金互助社的法定

代表人？ …………………………………………………… (42)
44. 农村资金互助社应如何进行风险管理？有哪些具体要求？ …………………………………………………… (43)
45. 农村资金互助社应如何建立财会制度？如何对社员进行利润分配？农村资金互助社如何对社员进行相关财务报告的披露义务，向监管机构履行报告义务？ …………………………………………………… (43)
46. 银行业监督管理机构如何对农村资金互助社进行监管？根据农村资金互助社的资本充足和资产风险状况，如何采取差别监管措施？ ………………………… (44)
47. 农村资金互助社违反有关法律、法规，存在超业务范围经营、账外经营、设立分支机构、擅自变更法定变更事项等行为的，应当如何处理？ ……………… (45)
48. 什么情况属于农村资金互助社法人机构临时停业？应当如何办理？ ………………………………………… (45)
49. 农村资金互助社能申请破产吗？适用《企业破产法》的规定吗？ …………………………………………………… (46)
50. 农村资金互助社法人机构发生哪些情况应当终止？如何办理？ …………………………………………………… (46)
51. 农村资金互助社因什么原因解散？如何进行清算？ …………………………………………………… (47)
52. 农村资金互助社解散，社员能够办理退股吗？ ……… (47)
53. 农民专业合作社能否开展资金互助？ ……………… (47)
54. 农民专业合作社内部开展资金互助，应当注意的关键问题是什么？ …………………………………………… (48)
第三章　小额贷款公司 …………………………………………… (49)
55. 小额贷款公司筹建、设立及运营管理的主要政策、法律依据有哪些？ ………………………………………… (49)

56. 小额贷款公司与贷款公司相同吗？小额贷款公司具有哪些特征？ …………………………… (49)
57. 对小额贷款公司的股东或发起人有什么要求？ …… (50)
58. 对设立小额贷款公司的注册资本有什么要求？ …… (51)
59. 小额贷款公司与其他公司设立的程序相同吗？ …… (52)
60. 小额贷款公司的资金来源主要有哪些？小额贷款公司向银行业金融机构融入资金有哪些限制？ ……… (52)
61. 小额贷款公司能吸收存款吗？ ………………… (53)
62. 小额贷款公司的贷款对象主要是谁？如何执行"小额、分散"的贷款原则？ ………………………… (53)
63. 对农村小额贷款额度,有什么指导意见？ ……… (53)
64. 面向农村的小额贷款对象主要有哪些？贷款的主要用途是什么？ …………………………… (54)
65. 小额贷款公司的贷款利率有什么限制？ ……… (54)
66. 如何确定小额贷款的期限？ …………………… (55)
67. 如何对农村小额贷款实行动态授信管理？ ……… (55)
68. 对小额贷款公司的监督管理主要有哪些？ ……… (56)
69. 小额贷款公司有关事项的变更,是否适用《农村中小金融机构行政许可事项实施办法》的规定？ ……… (57)
70. 小额贷款公司变更登记的事项主要有哪些？应当如何办理？ …………………………………… (58)
71. 小额贷款公司发生合并、分立的,应当如何办理？公司原有债务应如何处理？ …………………… (59)
72. 小额贷款公司的法人资格在什么情况下终止？ …… (60)
73. 小额贷款公司解散,如何进行清算？清算期间,公司法人资格是否存在？公司是否能继续经营活动？ ……………………………………………… (60)
74. 小额贷款公司终止的,股东是否应当对公司债务

承担责任？ …………………………………………… (61)
第四章　村镇银行 ……………………………………… (62)
75. 有关村镇银行设立、运行与管理的主要政策、法律依据有哪些？ …………………………………………… (62)
76. 什么是村镇银行？村镇银行具有哪些特征？ ……… (62)
77. 村镇银行的出资人或者发起人包括哪些？非法人机构以及非企业机构，能否成为出资人或者发起人？ …………………………………………… (63)
78. 村镇银行出资人或者发起人应当具备哪些条件？ … (64)
79. 村镇银行股东对其持有的股份享有哪些权利？承担哪些义务？ ……………………………………… (65)
80. 股东身份的权利凭证是什么？股东虚假出资或抽逃出资的，应当承担什么法律后果？ ………… (65)
81. 村镇银行的审批应当经过哪几个阶段？需要做哪些基本准备？ ……………………………………… (65)
82. 村镇银行申请筹建阶段的主要工作有哪些？ ……… (66)
83. 村镇银行筹建阶段应当提交的材料有哪些？有什么具体要求？受理及审批的时间有多长？ ………… (67)
84. 村镇银行申请开业阶段的主要工作有哪些？ ……… (69)
85. 村镇银行申请开业，申请人应提交哪些材料？具体有什么要求？受理及审批的时间有多长？ ……… (70)
86. 组建村镇银行，申请材料的报送程序及格式有什么要求？ ………………………………………… (72)
87. 银监机构对筹建村镇银行申请材料的重点审核内容有哪些？ ……………………………………… (73)
88. 银监机构对村镇银行开业申请材料的重点审核内容有哪些？ ……………………………………… (73)
89. 村镇银行可以设立分支机构吗？其设置程序有什么

要求？ ……………………………………………… (74)
90. 村镇银行在注册辖区内设立支行，申请人应当符合什么条件？ ……………………………………… (74)
91. 村镇银行设立分理处，应当符合什么条件？ ………… (75)
92. 村镇银行设立分理处，须经过哪些程序？需要多长时间？ ……………………………………………… (75)
93. 小额贷款公司改制村镇银行须具备哪些准入条件？ ……………………………………………………… (76)
94. 小额贷款公司改制村镇银行过程中，其股东(大)会应如何作出决议？ ………………………… (76)
95. 小额贷款公司改制村镇银行时，对其公司治理机制完善、内部控制健全、经营状况良好、信誉较高，且坚持支农服务方向的具体要求有哪些？ ……… (77)
96. 小额贷款公司改制设立村镇银行应当成立筹建工作小组，筹建小组的组成及主要工作有哪些？ ……… (77)
97. 小额贷款公司改制村镇银行，申请人应当提交哪些材料？ ……………………………………………… (78)
98. 村镇银行的资金来源主要有哪些？资金的主要用途有哪些？可以经营哪些业务？ ……………………… (79)
99. 村镇银行的经营原则是什么？能否向关系人发放贷款？能否发放异地贷款？ ………………………… (79)
100. 村镇银行能否开办外汇业务？申请开办外汇业务和增加外汇业务品种应当具备哪些条件？ ……… (79)
101. 村镇银行能否募集次级定期债务和发行次级债券？申请募集次级定期债务和发行次级债券应当具备哪些条件？ ……………………………… (80)
102. 村镇银行能否开办衍生产品交易业务？申请开办衍生产品交易业务应当具备哪些条件？ ………………… (81)

103. 什么是离岸银行业务？村镇银行能否开办离岸银行业务？开办离岸银行应当具备什么条件？ ……… (81)
104. 村镇银行开办股票质押贷款业务，应当具备什么条件？ …………………………………………… (82)
105. 村镇银行的风险防范及内部监管措施主要体现在哪些方面？ ……………………………………… (82)
106. 对村镇银行的资本充足率有什么要求？村镇银行资产充足率不符合规定的，银行业监督管理机构可以采取哪些监管措施？ ……………… (83)
107. 银行业监督管理机构对村镇银行的业务监管涉及哪些方面？采取哪些措施？ ……………… (84)
108. 村镇银行哪些事项发生变更，需经银监分局或所在城市银监局批准？更换董事、高级管理人员时，也需经银监分局或所在城市银监局批准吗？…… (85)
109. 村镇银行法人机构变更包括哪些？应履行哪些变更程序？ …………………………………………… (86)
110. 村镇银行因房屋维修等原因临时变更住所的，是否需要办理变更登记？ ………………………… (86)
111. 村镇银行的股权发生变更，应当如何办理？ ……… (86)
112. 村镇银行变更注册资本，应注意哪些问题？ ……… (87)
113. 什么情况属于村镇银行法人机构连续停业？如何恢复营业？ ……………………………………… (87)
114. 村镇银行法人机构在什么情况下发生终止？如何办理？ …………………………………………… (88)
第五章　担保公司 ………………………………………… (89)
115. 担保公司设立、运营与管理的主要政策、法律依据有哪些？ …………………………………………… (89)
116. 什么是融资性担保？什么是融资性担保公司？融资性

担保机构与非融资性担保机构的主要区别是什么？
…………………………………………………… (90)
117. 地方财政部门积极参与地方融资性担保体系建设的主要目标和任务是什么？ ……………………… (91)
118. 融资性担保公司的最低注册资本应达到多少？对其出资方式有什么要求？ ………………………… (92)
119. 设立融资性担保公司，应当向监管部门提交哪些文件？按照什么程序设立？ …………………… (92)
120. 融资性担保公司能否设立分支机构？如何设立？ … (93)
121. 融资性担保公司的主要业务范围有哪些？有什么限制规定？禁止其经营的活动有哪些？ ………… (94)
122. 融资性担保公司能否对外投资？对其投资行为有哪些限制？能否为其母公司或子公司提供担保？ …… (95)
123. 向银行申请贷款，应如何选择担保机构？ ………… (95)
124. 担保机构的业务如何收费？业务经费来源主要有哪些？ ……………………………………… (96)
125. 什么是担保机构的担保放大倍数？根据规定，担保机构的放大倍数是多少？ ………………… (96)
126. 融资性担保公司审慎经营原则的基本要求有哪些？在专业人才配备上有哪些要求？ ………… (96)
127. 担保机构应当按照什么比例提取未到期责任准备金、风险准备金以及保证金？ ……………… (97)
128. 融资性担保公司对债务人提供的担保属于哪种担保方式？融资性担保公司的担保属于农信担保吗？信用担保公司与担保公司一样吗？ …………… (98)
129. 担保机构业务活动的主要风险是什么？ …………… (99)
130. 担保机构应当采取哪些风险控制措施？ ………… (100)

131. 担保机构可以采取哪些反担保措施降低自身风险？
…………………………………………………… (101)
132. 融资性担保公司应当如何处理与债权人之间的关系？担保公司与债权人之间如何分担责任？担保机构与债务人之间如何分担责任？ ……………… (101)
133. 担保机构应当怎样建立严格的担保评估制度？ … (102)
134. 对担保机构进行外部监督的部门主要采取哪些监管措施？ ………………………………………… (103)
135. 除监管部门对担保机构进行外部监督外，还有哪些部门能够为融资性担保机构提供服务？ ……… (104)
136. 融资性担保公司的变更事项有哪些？应如何办理变更？ ………………………………………… (105)
137. 融资性担保公司解散或被撤销的，应如何办理注销？对股东有什么限制？融资性担保公司能否实施破产？ ………………………………………… (105)
第六章　担保方式……………………………………… (107)
138. 农村担保业务的服务范围主要有哪些？ ………… (107)
139. 我国有关担保问题的法律主要有哪些？ ………… (107)
140. 我国《担保法》规定的担保方式有哪些？可以适用于借款合同的担保方式有哪些？ ………………… (108)
141. 担保具有哪些特征？如果借款人与银行签订的借款合同无效，担保合同是否有效？ ……………… (108)
142. 什么是保证担保？什么人有资格作保证人？担保公司是否有资格做保证人？ …………………… (109)
143. 担保公司或自然人以保证人身份，与银行签订了保证合同，若不具有代偿能力，是否还应承担保证责任？
…………………………………………………… (110)
144. 保证合同可以采用口头形式吗？订立保证合同应当

注意哪些问题？ ………………………………… (111)
145. 如果保证人未与债权人协议一致，单方以书面形式向债权人出具担保书，保证合同能否成立？ ……… (111)
146. 担保公司未与银行签订保证合同，借款人与银行签订的借款合同中也没有保证条款，但担保公司在借款合同上以保证人身份签字或者盖章，担保公司应当承担担保责任吗？ ………………… (112)
147. 什么是保证方式？如果保证人与银行签订的保证合同中没有约定保证方式，怎么办？保证人在保证合同中选择哪一种保证方式比较有利？ …… (112)
148. 借款人的财产状况达到什么程度，才能说明“不能清偿”债务呢？ ………………………………… (114)
149. 一般保证人的先诉抗辩权在什么情况下受到限制？ ………………………………………………… (115)
150. 什么是单独保证？什么是共同保证？农户联保属于哪一种？在共同保证(农户联保)的情况下，如何承担保证责任？ ………………………… (115)
151. 保证人对借款合同中的利息、违约金等应当承担保证责任吗？ ………………………………… (116)
152. 借款合同的内容发生变更，保证人的保证责任也发生变化吗？ ………………………………… (117)
153. 什么是保证期间？如何确定保证人承担保证责任的期间？ ………………………………………… (118)
154. 保证人在保证合同中约定，保证期间早于或者等于主债务履行期限的，怎么办？ ……………… (119)
155. 借款人到期不偿还银行贷款，银行可以起诉保证人要求其代为清偿吗？ ………………………… (119)
156. 在什么情况下，债权人起诉保证人，保证人无须承担

保证责任？ …………………………………………… (121)
157. 如果保证人只承诺监督借款人专款专用的，借款人到期不能偿还银行贷款的，保证人承担保证责任吗？ …………………………………………… (122)
158. 哪些情况下，保证人不承担保证责任？ …………… (122)
159. 保证人代替债务人偿还债务后，享有什么权利？如果保证人实际的清偿额大于主债权范围的，能否行使追偿权？ …………………………………… (123)
160. 在保证期间，如果债务人破产的，保证人可以申报债权吗？ …………………………………………… (124)
161. 在保证期间，如果债务人破产，债权人在破产程序中未受清偿的部分，保证人是否应当承担保证责任？ …………………………………………………… (124)
162. 什么是反担保？什么是再担保？ ………………… (125)
163. 哪些担保合同属于无效担保合同？ ……………… (125)
164. 什么是抵押？什么是质押？抵押与质押的主要区别及相同之处有哪些？ ……………………………… (126)
165. 什么是抵押？抵押具有哪些基本特征？ ………… (127)
166. 什么是抵押权？如何取得抵押权？必须办理抵押物登记，才能取得抵押权吗？ ………………………… (128)
167. 哪些财产可以抵押？哪些财产不可以抵押？ …… (129)
168. 农作物可以抵押吗？农作物抵押应当注意什么问题？ ……………………………………………………… (130)
169. 以建筑物抵押的，该建筑物占用范围内的建设用地使用权是否一并抵押？以建设用地使用权抵押的，土地上新增的房屋属于抵押财产吗？ ……… (131)
170. 土地承包经营权可以抵押吗？耕地、宅基地、自留地、自留山等集体所有的土地使用权可以抵押吗？ … (131)

171. 林权可以抵押吗？具体有哪些林权可以抵押？哪些林权不可抵押？林权抵押贷款重点满足的对象是哪些？ …………………………………………… (132)
172. 林权抵押应当办理登记吗？申请人办理林权抵押登记时，应当提供哪些材料？已经办理林权抵押登记后，可以办理变更吗？办理林权抵押登记收费吗？ …………………………………………………… (133)
173. 以农村集体经济组织统一经营管理的林权、林业专业合作社管理的林权，以及公司拥有的林权、共有林权、承包经营的林权等办理林权抵押的，应当提供哪些证明材料？ ………………………… (134)
174. 以森林或者林木资产抵押的，其林地使用权是否同时抵押？银行业金融机构开展林权抵押贷款业务，抵押林权是否应当进行评估？如何收取评估费？ ……………………………………………… (134)
175. 已取得林木采伐许可证且尚未实施采伐的林权，可以抵押吗？抵押期间，抵押人可以对林木进行采伐吗？ …………………………………………………… (135)
176. 如何订立抵押合同？抵押合同必须经过登记才能生效吗？ …………………………………………………… (135)
177. 抵押合同和质押合同中约定“债务人不履行到期债务时抵押财产归债权人所有”，这样的约定有效吗？ …………………………………………………… (136)
178. 设定抵押的财产由谁占有？抵押物产生的孳息由谁取得？抵押物孳息，可以抵作债务吗？ ………… (136)
179. 同一财产向 2 个以上债权人抵押的，如何确定清偿顺序？已经出租的财产，可以抵押吗？已经抵押的财产，可以出租吗？ ……………………………… (137)

180. 抵押期间，抵押人可以转让抵押物吗？ …………… (138)
181. 抵押期间，如果抵押财产价值减少的，怎么办？在抵押期间，发生抵押物灭失、毁损或者被征收的情况下，抵押权人还能实现抵押权吗？ ………… (139)
182. 抵押权人如何实现抵押权？ ……………………… (140)
183. 什么是最高额抵押？如何确定抵押权人的债权额？如果实际发生的债权余额与最高额不一致时，怎么办？ …………………………………… (141)
184. 什么是浮动抵押？哪些企业或经济组织可以采用浮动抵押？浮动抵押的财产有哪些？浮动抵押的财产范围何时能确定？ ………………………… (142)
185. 什么是质押？哪些财产或权利可以质押？什么是质权？质权人取得质权一定要占有质物吗？质押合同一般包括什么条款？ …………………… (143)
186. 质权人有权收取质押财产的孳息吗？ …………… (144)
187. 质押期间，质权人可以使用、处分质押财产吗？质押财产发生毁损、灭失的，应当由谁承担责任？质权人还享有优先受偿权吗？ ……………………… (144)
188. 质权人占有质物后，可以将质物再设定质权吗？转质权的设立应当符合什么条件？ ………………… (146)
189. 汇票、支票、本票、债券、存款单、仓单、提单可以质押吗？应当办理什么手续？质权什么时候设立？ …………………………………………… (146)
190. 基金份额、股权可以质押吗？应当如何办理质押手续？ ……………………………………………… (147)
191. 商标专用权、专利权、著作权可以质押吗？应当如何设立质权？ ……………………………………… (147)
192. 应收账款可以质押吗？应当办理什么手续？ …… (148)

193. 什么是最高额质押合同？ ……………………… (148)
第七章　扶持政策 ………………………………… (149)
194. 农村金融的扶持政策，主要有哪些？ ………… (149)
195. 对金融机构农户小额贷款，有哪些税收优惠政策？
…………………………………………………… (149)
196. 如何界定金融机构对农户小额贷款的行为？ …… (150)
197. 金融机构涉农贷款和中小企业贷款，有什么税收优惠政策？ …………………………………… (151)
198. 如何界定涉农贷款和小企业贷款？ …………… (151)
199. 对农村信用社、村镇银行、农村资金互助社等金融机构，有什么税收优惠政策？ ……………… (152)
200. 金融机构与小型微型企业签订借款合同，免征印花税吗？ ……………………………………… (153)
201. 如何界定中型、小型及微型企业？ …………… (153)
202. 关于中小企业信用担保机构，有哪些税收优惠政策？
…………………………………………………… (156)
203. 中小企业信用担保机构适用有关准备金企业所得税税前扣除政策，应当具备哪些条件？ ……… (157)
204. 中小企业信用担保机构适用有关准备金企业所得税税前扣除政策，在汇算清缴时，应当向税务机关提交哪些材料？ ………………………… (157)
205. 中小企业服务体系专项补助资金，主要用于中小企业开展哪些服务业务？ ……………………… (158)
206. 中小企业服务体系专项补助资金，采取什么补助方式？按照什么标准补助？ …………………… (158)
207. 申请中小企业服务体系补助资金的企业，应当具备什么条件？ ………………………………… (159)
208. 关于新型农村金融机构定向费用补贴的政策，政府

有关部门出台了哪些文件？ …………………… (159)
209. 扩大范围后的定向费用补贴政策与扩大范围前的政策如何衔接？ ……………………………… (160)
210. 什么是新型农村金融机构定向费用补贴？该补贴适用的新型农村金融机构有哪些？ ………………… (161)
211. 定向费用补贴政策扩大的范围和对象是哪些？ … (161)
212. 新型农村金融机构定向费用补贴的条件和标准，有什么规定？ ………………………………… (161)
213. 中央财政扩大定向费用补贴政策范围的标准和条件是什么？ …………………………………… (162)
214. 新型农村金融机构获得的补贴资金，应当如何核算？ ……………………………………………… (162)
215. 新型农村金融机构补贴资金申请、审核和拨付，按照什么程序办理？ ………………………… (163)
216. 什么是涉农贷款？涉农贷款增量奖励条件？奖励的对象有哪些？ ………………………………… (164)
217. 根据《财政县域金融机构涉农贷款增量奖励资金管理办法》的规定，如何计算涉农贷款平均余额？ … (164)
218. 县域金融机构涉农贷款增量奖励资金适用的奖励条件有哪些？按照什么比例奖励？ ………………… (165)
219. 县域金融机构涉农贷款增量奖励资金，中央和地方分担的比例如何划分？ ……………………… (165)
220. 县域金融机构涉农贷款增量奖励资金按照什么程序申请、审核和拨付？ ………………………… (166)
221. 财政部门审核拨付奖励资金的依据是什么？ …… (167)
222. 法人金融机构应当如何统计和上报涉农贷款发放情况？ ……………………………………… (167)
223. 什么是中小企业发展专项资金？由哪些部门负责

管理？ ………………………………………………… (168)
224. 中小企业专项资金支持的内容主要有哪些？采取什么支持方式？ ………………………………………… (168)
225. 申请中小企业项目资金，申报单位应当具备什么条件？提供哪些申报材料？ …………………… (169)
226. 中小企业项目资金的申报、审核与资金拨付，按照什么程序进行？ ………………………………… (169)
227. 什么是中小企业信用担保资金？资金拨付对象有哪些？由哪些部门进行预算管理及监督？ …… (171)
228. 中小企业信用担保资金采取哪些支持方式？支持额度有多少？ ………………………………… (171)
229. 申请中小企业担保资金的担保机构必须具备哪些条件？ ………………………………………… (172)
230. 申请中小企业担保资金的再担保机构必须具备哪些条件？ ………………………………………… (173)
231. 申请中小企业担保资金的担保机构、再担保机构，应当提供的资料有哪些？ ……………………… (174)
232. 中小企业担保资金按照什么程序申请与拨付？ … (174)
233. 获得中小企业担保资金的担保机构、再担保机构，应当注意保存好哪些资料？ …………………… (175)
234. 近几年，我国农村金融政策支持体系及扶持情况怎样？ ………………………………………… (176)

第一章 总 论

1. 为什么要发展农村金融？鼓励发展农村金融的政策主要有哪些？具有什么意义？

党和政府对建立现代农村金融制度高度重视，并将农村金融作为现代农村经济的核心。发展农村金融的意义在于，为农村发展提供充足的资金支持，确实有效地解决当前农村经济发展中面临的“农民贷款难，银行难贷款”的现实问题，为农村经济发展引来“源头活水”。

鼓励发展农村金融的政策主要可以分为三大类。

一是中央政府发展农村金融政策。2008 年 10 月党的十七届三中全会，关于新形势下推进农村改革发展的若干重大问题的报告中，确立了建立现代农村金融制度的方针。明确指出：“农村金融是现代农村经济的核心。创新农村金融体制，放宽农村金融准入政策，加快建立商业性金融、合作性金融、政策性金融相结合，资本充足、功能健全、服务完善、运行安全的农村金融体系。”“加强监管，大力发展小额信贷，鼓励发展适合农村特点和需要的各种微型金融服务。允许农村小型金融组织从金融机构融入资金。允许有条件的农民专业合作社开展信用合作。”2013 年 11 月党的十八届三中全会报告中又指出：“扩大金融业对内对外开放，在加强监管前提下，允许具备条件的民间资本依法设立中小型金融机构。”“发展普惠金融。”此外，2004 年以来，连续 11 年的“中央一号”文件围绕“三农”问题，提出加快金融体制的改革和创新，改善农村金融服务，并鼓励发展多种形式的小额信贷业务和小额信贷组织。由此可以反映出中央政府对“三农”问题，特别是解决作为“三农”问题发展基础的资金融通的高度关注。因此，2004—2014 年 11 个中央一号文件，构成农村金融市场全面开放的政策体系（表 1-1）。

二是国务院鼓励民间资本支持农村金融发展的政策。为鼓励和引导民间投资，2010 年国务院颁发《关于鼓励和引导民间投资健康发展的若干意见》（国发[2010]13 号）。2012 年国务院又颁发了《关于进一步支持小型微型企业健康发展的意见》（国发[2012]14 号）等文件（表 1-2）。

三是银监会农村市场准入规定。为解决农村地区银行业金融机构网点覆盖率低、金融供给不足、竞争不充分等问题，中国银行业监督管理委员会按照商业可持续原则，适度调整和放宽农村地区银行业金融机构准入政策，降低准入门槛，强化监管约束，加大政策支持，促进农村地区形成投资多元、种类多样、覆盖全面、治理灵活、服务高效的银行业金融服务体系，更好地改进和加强农村金融服务，支持社会主义新农村建设。为此，2006 年 12 月 20 日，中国银监会发布《关于调整放宽农村地区银行业金融机构准入政策更好支持社会主义新农村建设的若干意见》（银监发[2006]90 号）。这是一个具有里程碑意义的文件，自此银行业对民间资本开放，允许民间资本进入银行业。

此后，自 2007 年 1 月开始，在 2008 年、2009 年、2010 年相继出台了有关村镇银行、农村资金互助社、小额贷款公司、融资性担保公司等新型农村金融机构管理的暂行办法或暂行规定（表 1-3）。

四是财政部等政府机构新型农村金融机构扶持政策。财政部、国家税务总局等政府机构，先后印发了《中央财政农村金融机构定向费用补贴资金管理暂行办法》（财金[2009]31 号）、《关于农村金融有关税收政策的通知》（财税[2010]4 号）等文件。从资金扶持和税收优惠方面给予新型农村金融机构发展提供资金支持

(表 1-4)。

在上述政策背景支持之下,我国新型农村金融机构已经初步建立。

2. 历年中央一号文件中,关于鼓励发展新型农村金融的内容,具体是如何规定的?

表 1-1 2004—2014 年中央一号文件有关鼓励发展农村金融的内容

年 份	主要内容
2004 年	鼓励有条件的地方,在严格监管、有效防范金融风险的前提下,通过吸引社会资本和外资,积极兴办直接为“三农”服务的多种所有制的金融组织。有关部门要针对农户和农村中小企业的实际情况,研究提出多种担保办法,探索实行动产抵押、仓单质押、权益质押等担保形式。鼓励政府出资的各类信用担保机构积极拓展符合农村特点的担保业务,有条件的地方可设立农业担保机构,鼓励现有商业性担保机构开展农村担保业务。
2005 年	培育竞争性的农村金融市场,有关部门要抓紧制定农村新办多种所有制金融机构的准入条件和监管办法,在有效防范金融风险的前提下,尽快启动试点工作。有条件的地方,可以探索建立更加贴近农民和农村需要、由自然人或企业发起的小额信贷组织。加快落实对农户和农村中小企业实行多种抵押担保形式的有关规定。
2006 年	在保证资本金充足、严格金融监管和建立合理有效的退出机制的前提下,鼓励在县域内设立多种所有制的社区金融机构,允许私有资本、外资等参股。大力培育由自然人、企业法人或社团法人发起的小额贷款组织,有关部门要抓紧制定管理办法。引导农户发展资金互助组织。规范民间借贷。各地可通过建立担保基金或担保机构等办法,解决农户和农村中小企业贷款抵押担保难问题,有条件的地方政府可给予适当扶持。
2007 年	进一步发挥中国农业银行、中国农业发展银行在农村金融中的骨干和支柱作用,继续深化农村信用社改革,尽快明确县域内各金融机构新增存款投放当地的比例,引导邮政储蓄等资金返还农村,大力发展农村小额贷款,在贫困地区先行开展培育农村多种所有制金融组织的试点。

续表 1-1

年　份	主要内容
2008 年	积极培育小额信贷组织，鼓励发展信用贷款和联保贷款。通过批发或转贷等方式，解决部分农村信用社及新型农村金融机构资金来源不足的问题。加快落实县域内银行业金融机构将一定比例新增存款投放当地的政策。推进农村担保方式创新，扩大有效抵押品范围，探索建立政府支持、企业和银行多方参与的农村信贷担保机制。制定符合农村信贷业务特点的监管制度。加强财税、货币政策的协调和支持，引导各类金融机构到农村开展业务。
2009 年	抓紧制定鼓励县域内银行业金融机构新吸收的存款主要用于当地发放贷款的实施办法，建立独立考核机制。在加强监管、防范风险的前提下，加快发展多种形式新型农村金融组织和以服务农村为主的地区性中小银行。鼓励和支持金融机构创新农村金融产品和金融服务，大力发展小额信贷和微型金融服务，农村微小型金融组织可通过多种方式从金融机构融入资金。积极扩大农村消费信贷市场。依法开展权属清晰、风险可控的大型农用生产设备、林权、四荒地使用权等抵押贷款和应收账款、仓单、可转让股权、专利权、商标专用权等权利质押贷款。抓紧出台对涉农贷款定向实行税收减免和费用补贴、政策性金融对农业中长期信贷支持、农民专业合作社开展信用合作试点的具体办法。放宽金融机构对涉农贷款的呆账核销条件。
2010 年	积极推广农村小额信用贷款。加快培育村镇银行、贷款公司、农村资金互助社，有序发展小额贷款组织，引导社会资金投资设立适应“三农”需要的各类新型金融组织。抓紧制定对偏远地区新设农村金融机构费用补贴等办法，确保 3 年内消除基础金融服务空白乡镇。针对农业农村特点，创新金融产品和服务方式，搞好农村信用环境建设，加强和改进农村金融监管。建立农业产业发展基金。
2011 年	在风险可控的前提下，支持农业发展银行积极开展水利建设中长期政策性贷款业务。鼓励国家开发银行、农业银行、农村信用社、邮政储蓄银行等银行业金融机构进一步增加农田水利建设的信贷资金。支持符合条件的水利企业上市和发行债券，探索发展大型水利设备设施的融资租赁业务，积极开展水利项目收益权质押贷款等多种形式融资。

续表 1-1

年 份	主要内容
2012 年	发展多元化农村金融机构，鼓励民间资本进入农村金融服务领域，支持商业银行到中西部地区县域设立村镇银行。有序发展农村资金互助组织，引导农民专业合作社规范开展信用合作。完善符合农村银行业金融机构和业务特点的差别化监管政策，适当提高涉农贷款风险容忍度，实行适度宽松的市场准入、弹性存贷比政策。继续发展农户小额信贷业务，加大对种养大户、农民专业合作社、县域小型微型企业的信贷投放力度。加大对科技型农村企业、科技特派员下乡创业的信贷支持力度，积极探索农业科技专利质押融资业务。支持农业发展银行加大对农业科技的贷款力度。鼓励符合条件的涉农企业开展直接融资，积极发展涉农金融租赁业务。
2013 年	改善农村金融服务。加强国家对农村金融改革发展的扶持和引导，切实加大商业性金融支农力度，充分发挥政策性金融和合作性金融作用，确保持续加大涉农信贷投放。创新金融产品和服务，优先满足农户信贷需求，加大新型生产经营主体信贷支持力度。支持社会资本参与设立新型农村金融机构。
2014	完善农村土地承包政策。稳定农村土地承包关系并保持长久不变，在坚持和完善最严格的耕地保护制度前提下，赋予农民对承包地占有、使用、收益、流转及承包经营权抵押、担保权能。在落实农村土地集体所有权的基础上，稳定农户承包权、放活土地经营权，允许承包土地的经营权向金融机构抵押融资。 鼓励地方政府和民间出资设立融资性担保公司，为新型农业经营主体提供贷款担保服务。 强化金融机构服务“三农”职责。稳定大中型商业银行的县域网点，扩展乡镇服务网络，根据自身业务结构和特点，建立适应“三农”需要的专门机构和独立运营机制。强化商业金融对“三农”和县域小微企业的服务能力，扩大县域分支机构业务授权，不断提高存贷比和涉农贷款比例，将涉农信贷投放情况纳入信贷政策导向效果评估和综合考评体系。稳定扩大农业银行三农金融事业部改革试点。鼓励邮政储蓄银行拓展农村金融业务。支持农业发展银行开展农业开发和农村基础设施建设中长期贷款业务，建立差别监管体制。增强农村信用社支农服务功能，保持县域法人地位长期

续表 1-1

年　份	主要内容
2014	稳定。积极发展村镇银行，逐步实现县、市全覆盖，符合条件的适当调整主发起行与其他股东的持股比例。支持由社会资本发起设立服务“三农”的县域中小型银行和金融租赁公司。对小额贷款公司，要拓宽融资渠道，完善管理政策，加快接入征信系统，发挥支农支小作用。支持符合条件的农业企业在主板、创业板发行上市，督促上市农业企业改善治理结构，引导暂不具备上市条件的高成长性、创新型农业企业到全国中小企股份转让系统进行股权公开挂牌与转让，推动证券期货经营机构开发适合“三农”的个性化产品。 发展新型农村合作金融组织。在管理民主、运行规范、带动力强的农民合作社和供销合作社基础上，培育发展农村合作金融，不断丰富农村地区金融机构类型。坚持社员制、封闭性原则，在不对外吸储放贷、不支付固定回报的前提下，推动社区性农村资金互助组织发展。完善地方农村金融管理体制，明确地方政府对新型农村合作金融监管职责，鼓励地方建立风险补偿基金，有效防范金融风险。适时制定农村合作金融发展管理办法。

3. 国务院关于鼓励民间资本支持农村金融发展的政策，主要有哪些？

表 1-2　国务院关于鼓励民间资本支持农村金融发展的主要政策

题目与文号	有关内容
《关于进一步明确融资性担保业务监管职责的通知》(国办发［2009］7号)	

续表 1-2

题目与文号	有关内容
《关于鼓励和引导民间投资健康发展的若干意见》(国发[2010]13号)	允许民间资本兴办金融机构。在加强有效监管、促进规范经营、防范金融风险的前提下,放宽对金融机构的股比限制。支持民间资本以入股方式参与商业银行的增资扩股,参与农村信用社、城市信用社的改制工作。鼓励民间资本发起或参与设立村镇银行、贷款公司、农村资金互助社等金融机构,放宽村镇银行或社区银行中法人银行最低出资比例的限制。落实中小企业贷款税前全额拨备损失准备金政策,简化中小金融机构呆账核销审核程序。适当放宽小额贷款公司单一投资者持股比例限制,对小额贷款公司的涉农业务实行与村镇银行同等的财政补贴政策。支持民间资本发起设立信用担保公司,完善信用担保公司的风险补偿机制和风险分担机制。鼓励民间资本发起设立金融中介服务机构,参与证券、保险等金融机构的改组改制。
《关于进一步支持小型微型企业健康发展的意见》(国发[2012]14号)	自2011年11月1日至2014年10月31日,对金融机构与小型微型企业签订的借款合同免征印花税,将金融企业涉农贷款和中小企业贷款损失准备金税前扣除政策延长至2013年底,将符合条件的农村金融机构金融保险收入减按3%的税率征收营业税的政策延长至2015年底。 在加强监管和防范风险的前提下,适当放宽民间资本、外资、国际组织资金参股设立小金融机构的条件。适当放宽小额贷款公司单一投资者持股比例限制。支持和鼓励符合条件的银行业金融机构重点到中西部设立村镇银行。强化小金融机构主要为小型微型企业服务的市场定位,创新金融产品和服务方式,优化业务流程,提高服务效率。引导小金融机构增加服务网点,向县域和乡镇延伸。符合条件的小额贷款公司可根据有关规定改制为村镇银行。 引导外资设立面向小型微型企业的担保机构,加快推进利用外资设立担保公司试点工作。

国务院决定,建立融资性担保业务监管部际联席会议,同时明确地方相应的监管职责。

4. 中国银行业监督管理委员会(以下简称“银监会”),关于鼓励发展新型农村金融机构的文件主要有哪些?

表 1-3 银监会关于鼓励发展新型农村金融的主要文件

发布者及文号	文件名称
银监发[2006]90 号	《关于调整放宽农村地区银行业金融机构准入政策更好支持社会主义新农村建设的若干意见》
银监发[2007]5 号	《村镇银行管理暂行规定》
银监发[2007]6 号	《贷款公司管理暂行规定》
银监发[2007]7 号	《农村资金互助社管理暂行规定》
银监发[2007]8 号	关于印发《村镇银行组建审批工作指引》的通知
银监发[2007]9 号	关于印发《贷款公司组建审批工作指引》的通知
银监发[2007]10 号	关于印发《农村资金互助社组建审批工作指引》的通知
银监办发[2007]51 号	关于印发《农村资金互助社示范章程》的通知
银监会令 2008 年第 3 号	《农村中小金融机构行政许可事项实施办法》
银监发[2008]23 号(银监会、央行联合发文)	《关于小额贷款公司试点的指导意见》
银发[2008]137 号(央行、银监会联合发文)	《关于村镇银行等小额贷款公司有关政策的通知》
银监发[2009]13 号(银监会、农业部联合发文)	《关于做好农民专业合作社金融服务工作的意见》
银监发[2009]48 号	关于印发《小额贷款公司改制设立村镇银行暂行规定》的通知
银监发[2009]72 号	《新型农村金融机构 2009—2011 年总体工作安排》

续表 1-3

发布者及文号	文件名称
2010年第3号(银监会、发改委、工信部、财政部、商务部、央行、工商总局联合发文)	《融资性担保公司管理暂行办法》
银监办发[2011]74号	《关于进一步推进空白乡镇基础金融服务工作的通知》
银监发[2011]81号	《关于调整村镇银行组建核准有关事项的通知》
银监发[2012]27号	《关于鼓励和引导民间资本进入银行业的实施意见》
银监发[2012]50号	《农户贷款管理办法》
银监办发[2012]189号	《关于农村中小金融机构实施富民惠农金融创新工程的指导意见》
银监办发[2013]51号	《关于做好2013年农村金融服务工作的通知》
银监发[2013]32号(银监会、国家林业局联合发布)	《关于林权抵押贷款的实施意见》

5. 财政、税务部门关于扶持新型农村金融机构发展的文件主要有哪些?

表 1-4 关于扶持新型农村金融机构发展的主要财税政策

发布者及文号	文件名称
财金[2001]77号	《中小企业融资担保机构风险管理暂行办法》
财建[2004]124号	《中小企业服务体系专项补助资金使用管理办法(暂行)》
财金[2009]31号	《中央财政新型农村金融机构定向费用补贴资金管理暂行办法》
财税[2009]99号	《关于金融企业涉农贷款和中小企业贷款损失准备金税前扣除政策的通知》

续表 1-4

发布者及文号	文件名称
银监会令 2010 年第 3 号(银监会、国家发改委等七部门联合发布)	《融资性担保公司管理暂行办法》
财税[2010]4 号	《关于农村金融有关税收政策的通知》
财金[2010]23 号	《关于地方财政部门积极做好融资性担保业务相关管理工作的意见》
财税[2010]35 号	《关于中国扶贫基金会小额信贷试点项目税收政策的通知》
财金[2010]41 号	《关于扩大农村金融机构定向费用补贴政策范围的通知》
财金[2010]42 号	关于印发《中央财政农村金融机构定向费用补贴资金管理暂行办法》的通知
财金[2010]56 号	《地方金融企业财务监督管理办法》
财金[2010]116 号	关于印发《财政县域金融机构涉农贷款增量奖励资金管理办法》的通知
财税[2011]101 号	《关于延长农村金融机构营业税政策执行期限的通知》
财税[2011]104 号	《关于延长金融企业涉农贷款和中小企业贷款损失准备金税前扣除政策执行期限的通知》
财税[2011]105 号	《关于金融机构与小型微型企业签订借款合同免征印花税的通知》
工信部联企业[2011]300 号(工信部、统计局、发改委、财政部联合发文)	《关于印发中小企业划型标准规定的通知》
财税[2012]5 号	《关于金融企业贷款损失准备金企业所得税税前扣除政策的通知》

续表 1-4

发布者及文号	文件名称
财税[2012]25 号	《关于中小企业信用担保机构有关准备金企业所得税税前扣除政策的通知》
财税[2012]33 号	《关于中国扶贫基金会所属小额贷款公司享受有关税收优惠政策的通知》
财企[2012]97 号	《中小企业信用担保资金管理办法》注 1
财企[2012]96 号	《中小企业发展专项资金管理办法》注 2

注 1：本办法自印发之日起施行。《财政部、工业和信息化部关于印发〈中小企业信用担保资金管理暂行办法〉的通知》(财企[2010]72 号)同时废止。

注 2：本办法自印发之日起施行。《财政部、工业和信息化部关于印发〈中小企业发展专项资金管理暂行办法〉的通知》(财企[2008]179 号)同时废止。

6. 目前支持“三农”发展的银行类金融机构主要有哪些？农村金融服务体系的发展规模如何？

在我国支持“三农”发展的主要银行，从传统意义上划分主要包括：政策性银行（中国农业发展银行）、商业银行（中国农业银行）、合作银行（农村信用合作社）以及邮政储蓄银行等。但是，目前随着我国经济的快速发展、城乡一体化以及商业银行和合作银行的改制等，中国农业银行和农村信用合作社等传统的涉农银行，其部分业务早已转向城市，为城市的工业、服务业等提供金融服务，与此同时，涉足“三农”领域的商业银行也更加广泛，因此，已经打破了原有的传统划分。

央行《2012 年中国农村金融服务报告》表明，通过多年的持续努力，我国正在形成银行业金融机构、非银行业金融机构和其他组织共同组成的多层次、广覆盖，功能互补、相互协作、适度竞争的农村金融服务体系。农村金融服务可获得性进一步提升

（表 1-5）。

表 1-5　主要涉农金融机构相关情况

机构名称	机构数(家)	营业网点数(个)	从业人员数(人)
农村信用社*	1927	49034	502829
农村商业银行	337	19910	220042
农村合作银行	147	5463	55822
村镇银行	800	1426	30508
贷款公司**	14	14	111
农村资金互助社	49	49	421
合　计	3274	75896	809733

注：数据来源自央行《2012 年中国农村金融服务报告》；

* 此处不包含农村商业银行和农村合作银行；

** 小额贷款公司的相关数据请看问题 9。

7. 如何界定新型银行类农村金融机构？

根据 2009 年 7 月 23 日中国银监会《新型农村金融机构 2009—2011 年总体工作安排》（银监发［2009］72 号）文件的规定，新型银行类农村金融机构主要包括村镇银行、贷款公司（特别是小额贷款公司）和农村资金互助社等机构。此外，积极参与农村资金融通、为涉农中小企业及农户提供贷款担保服务的农信担保公司，虽然从性质上来说，不属于银行业金融机构，但是一般也将其纳入到农村金融机构之中。

8. 新型银行类农村金融机构具有哪些特点？

我国新型农村金融机构的建立，秉承了植根于农村、服务于农业、惠及于农民的理念，具有以下特点：小额，即贷款金额小，多数为几千元到几万元之间；便捷，贷款审批简便、无须抵押、放贷时间快，如 2 000 元以下的贷款，有些农村资金互助社当场就可放贷；互惠，特别是建立在人缘、地缘和血缘基础上的农村资金互助社，实行一人为众人、众人帮一人的互助方式，极大地解决了农业生产中的资金困扰问题。

9. 目前我国新型农村金融机构的发展现状如何？

2013 年 6 月 27 日，中国银行业监督管理委员会主席尚福林向十二届全国人大常委会做关于农村金融改革发展工作情况的报告。报告指出，调整放宽农村地区金融机构准入政策，稳妥培育发展村镇银行等新型农村金融机构，已组建村镇银行 876 家，累计向 74.2 万农户发放了 2 002 亿元贷款。

银监会副主席阎庆民在 2013 年 11 月 25 日新浪金麒麟论坛上发表题为《全面推进金融体制改革的深化与创新》的讲话，文中说："银监会一直鼓励民间资本进入银行业。目前，股份制银行和城商行民间资本比已由 2002 年的 11％和 19％，提高到 42％和 54％，农村中小金融机构已超过 88％，还有 46 家非银机构由民间资本控股。"

中国人民银行公布数据显示，截至 2013 年末，全国共有小额贷款公司 7839 家，贷款余额 8 191 亿元，全年新增贷款 2 268 亿元。其中，江苏、辽宁、内蒙古、安徽和河北五省（区）分别有 573 家、533 家、484 家、463 家和 439 家，位列全国小额贷款公司数量的前五位。

目前，全国共有 49 家农村资金互助社获得了银监机构颁发的金融许可证。

2013 年 9 月 17 日中国融资担保业协会成立。银监会副主席阎庆民到会致辞。致辞中表明，近三年来，融资担保行业实现资本年均增长36%，在保余额平均增长37%，与融资性担保机构开展业务合作的银行业金融机构年均增长29%，为中小企业提供担保户数年均增长27%；全行业担保业务收入年均增长30%，截至2013年6月末，融资性担保法人机构共8 349家。

10. 民间资本参与农村信用合作社改革，有什么政策支持？

为贯彻落实《国务院关于鼓励和引导民间投资健康发展的若干意见》（国发[2010]13号），鼓励和引导民间资本进入银行业，加强对民间投资的融资支持，银监会依据《银行业监督管理法》、《商业银行法》等法律法规和国家政策，制定《关于鼓励和引导民间资本进入银行业的实施意见》（银监发[2012]27号）。意见指出，支持民营企业，特别是符合条件的农业产业化龙头企业和农民专业合作社等涉农企业参与农村信用社股份制改革或参与农村商业银行增资扩股。

进一步加大引导和扶持力度，鼓励民间资本参与农村金融机构重组改造。通过并购重组方式参与农村信用社和农村商业银行风险处置的，允许单个企业及其关联方阶段性持股比例超过20%。

11. 各类新型农村金融机构的法律地位与性质主要区别有哪些？

表1-6 各类新型农村金融机构法律地位与性质比较

	设立程序	法律地位	性质
村镇银行	银监会审批 工商登记	企业法人	银行业金融机构

续表 1-6

	设立程序	法律地位	性　质
小额贷款公司	政府部门审批 工商登记	企业法人	金融机构
农村资金互助社	银监会审批 工商登记 （不得设立分支机构）	企业法人	互助性银行业金融机构
担保公司	工信部门审批 工商登记	企业法人	非金融机构

12. 各类新型农村金融机构的设立条件，主要有哪些区别？

表 1-7　各类新型农村金融机构主要设立问题比较

	村镇银行	小额贷款公司	农村资金互助社	担保公司
性　质	银行业金融机构	非银行业金融机构	社区互助性银行业金融机构	非金融机构
	企业法人	企业法人	企业法人	企业法人
组织形式	有限责任公司或股份有限公司	有限责任公司或股份有限公司		有限责任公司或股份有限公司
发起人或股东	境内外金融机构、境内非金融机构企业法人、境内自然人。	自然人、法人或其他经济组织等，但法律、法规禁止从事经营活动的人除外，如公务员、法官等。	有10名以上符合本规定社员条件要求的发起人。	自然人、法人或其他经济组织等，但法律、法规禁止从事经营活动的人除外，如公务员、法官等。

续表 1-7

	村镇银行	小额贷款公司	农村资金互助社	担保公司
	发起人或出资人中应至少有1家银行业金融机构。村镇银行最大股东或唯一股东必须是银行业金融机构。最大银行业金融机构股东持股比例不得低于村镇银行股本总额的15%（注释）。	有限责任公司应由50个以下股东出资设立。	农民、农村小企业，章程也可以限定其社员为某一农村经济组织的成员。	有限责任公司应由50个以下股东出资设立。
发起人或股东	单个自然人股东及关联方持股比例不得超过村镇银行股本总额的10%，单一非银行金融机构或单一非金融机构企业法人及其关联方持股比例不得超过村镇银行股本总额的10%。	股份有限公司应有2～200名发起人，其中须有半数以上的发起人在中国境内有住所。	单个农民或单个农村小企业向农村资金互助社入股，其持股比例不得超过农村资金互助社股金总额的10%，超过5%的应经银行业监督管理机构批准。	股份有限公司应有2～200名发起人，其中须有半数以上的发起人在中国境内有住所。
	任何单位或个人持有村镇银行股本总额5%以上的，应当事前报经银监分局或所在城市银监局审批。	单一自然人、企业法人、其他社会组织及其关联方持有的股份，不得超过小额贷款公司注册资本总额的10%。		

续表 1-7

	村镇银行	小额贷款公司	农村资金互助社	担保公司
注册资本	在县(市)设立的村镇银行,其注册资本不得低于 300 万元人民币。	有限责任公司的注册资本不得低于 500 万元	在乡、镇设立的,其注册资本不得低于 30 万元人民币。	不得低于人民币 500 万元。
	在乡(镇)设立的村镇银行,其注册资本不得低于 100 万元人民币。	股份有限公司的注册资本不得低于 1000 万元	在行政村设立的,其注册资本不得低于 10 万元人民币。	
出资方式	注册资本为实收货币资本,且由发起人或出资人一次性缴足。	全部为实收货币资本,由出资人或发起人一次足额缴纳。	注册资本为实缴资本。社员入股必须以货币出资,不得以实物、贷款或其他方式入股。	注册资本为实缴货币资本。
设立程序	见表 1-6			

注:《关于鼓励和引导民间资本进入银行业的实施意见》(银监发[2012]27 号)规定,村镇银行主发起行的最低持股比例由 20%降低为 15%。

13. 各类新型农村金融机构资金来源主要有哪些?

表 1-8　各类新型农村金融机构资金来源比较

类　型	资金主要来源
村镇银行	股东缴纳的资本金、业务收入(见表 1-9)、捐赠资金等。
小额贷款公司	股东缴纳的资本金、业务收入、捐赠资金,以及来自不超过两个银行业金融机构的融入资金。从银行业金融机构获得融入资金的余额,不得超过资本净额的 50%。

续表 1-8

类　型	资金主要来源
农村资金互助社	社员缴纳及存入资金、捐赠资金；向其他银行业金融机构融入资金。
担保公司	股东缴纳的资本金、担保收费、存款利息、其他。

14. 各类新型农村金融机构业务范围有哪些不同？

表 1-9　各类新型农村金融机构业务范围比较

	允许开展的主要业务	限制的业务	禁止的业务
村镇银行	①吸收公众存款；②发放短期、中期和长期贷款；③办理国内结算；④办理票据承兑与贴现；⑤从事同业拆借；⑥从事银行卡业务；⑦代理发行、代理兑付、承销政府债券；⑧代理收付款项及代理保险业务。	①对同一借款人的贷款余额不得超过资本净额的 5%；②对单一集团企业客户的授信余额不得超过资本净额的 10%。	不得发放异地贷款。
小额贷款公司	小额贷款业务	同一借款人的贷款余额不得超过小额贷款公司资本净额的 5%。	不得吸收公众存款。
农村资金互助社	①吸收社员存款；②发放社员贷款；③满足社员贷款需求后确有富余的可存放其他银行业金融机构，也可购买国债和金融债券；④办理结算业务，并按有关规定开办各类代理业务。	①对单一社员的贷款总额不得超过资本净额的 15%；②对单一农村小企业社员及其关联企业社员、单一农民社员及其在同一户口簿上的其他社员贷款总额不得超过资本净额的 20%；③对前十大户贷款总额不得超过资本净额的 50%。	①不得向非社员吸收存款、发放贷款及办理其他金融业务；②不得以该社资产为其他单位或个人提供担保。

续表 1-9

	允许开展的主要业务	限制的业务	禁止的业务
担保公司	①贷款担保;②票据承兑担保;③贸易融资担保;④项目融资担保;⑤信用证担保;⑥其他融资性担保业务。	①单个被担保人提供的融资性担保责任余额不得超过净资产的10%,对单个被担保人及其关联方提供的融资性担保责任余额不得超过净资产的15%,对单个被担保人债券发行提供的担保责任余额不得超过净资产的30%;②担保责任余额不得超过其净资产的10倍。	①不得吸收存款、发放贷款;②不得受托发放贷款;③不得受托投资。

15. 农村金融发展中如何防范风险?

农村金融发展中的风险既有市场风险,又有法律风险。市场风险需要通过实践的积累,通过经验进行防范;而法律风险,特别需要我们提高法律意识,丰富法律知识加以防范。相对而言,市场风险具有不确定性,而法律风险是可以控制的,可以从以下几个方面进行法律风险的防范。

①农村金融机构的设立必须合法。各类农村金融机构的设立都应当符合法律、政策的要求。首先,应当符合设立的条件,例如出资人、出资方式、注册资本、经营场所等是否具备法律、政策规定的条件;其次,其设立程序也应当合法,例如是否须经有关部门审批、许可,是否应当经过工商登记。否则,其从设立开始即不具备合法条件,未履行合法程序,则使其天然的不具有合法性,因此,其经营的法律风险也随之产生,不可避免。农村金融机构设立的合法性,是其合法经营的前提。

②农村金融机构的组织机构必须合法。农村金融机构必须按

照法律、政策规定的要求，建立、健全自身的组织机构，完善内部监督机制；聘任符合规定条件的人员担任机构内部的管理人员、工作人员；严格按照法律、政策及内部规章制度的要求，对其工作人员，特别是管理人员依法加强管理。

③农村金融机构的经营活动必须合法。农村金融机构一般都是具有企业法人资格的经济组织，由这一性质决定其必然以从事经营活动，并且盈利作为其生存和发展的基础。因此。农村金融机构依法经营是其法律风险防范的核心。不同模式的金融机构，其从事的经营活动，应当不为法律、政策所禁止，例如，农信担保公司不得吸收公众存款、不得发放贷款；农村资金互助社不得向非社员吸收存款、发放贷款及办理其他金融业务，不得以该社资产为其他单位或个人提供担保等。如果违背了法律、政策的基本要求，其经营活动必然具有法律风险，将面临法律的处罚。

④善用法律规定规避风险责任。首先，要严格按照政策、法律规定防范风险。在有关农村金融的政策、法律中，对于各类金融机构的风险防范都有具体的规定(见第二、第三和第四章中的相关内容)。其次，学会利用法律知识降低风险。金融机构开展贷款业务，需要提供有效担保防范贷款风险，提供担保业务的担保公司等经济组织，在为借款人承担担保责任的同时，又如何通过合法的方式降低自身的担保风险，也是农村金融开展过程中有必要掌握的知识(见第六章中的相关内容)。

16. 什么是非法集资？主要有哪些特点？如何界定非法集资的罪与非罪？

目前我国《刑法》规定了 4 种非法集资类的犯罪，分别是非法吸收公众存款罪、集资诈骗罪、欺诈发行股票、债券罪和擅自发行股票、公司、企业债券罪。

根据《关于取缔非法金融机构和非法金融业务活动中有关问

题的通知》(银发[1999]41 号)规定,非法集资是指单位或者个人未依照法定程序经有关部门批准,以发行股票、债券、彩票、投资基金证券或者其他债权凭证的方式向社会公众筹集资金,并承诺在一定期限内以货币、实物以及其他方式向出资人还本付息或给予回报的行为。具有如下特点:①未经有关部门依法批准,包括没有批准权限的部门批准的集资以及有审批权限的问题超越权限批准的集资;②承诺在一定期限内给出资人还本付息。还本付息的形式除以货币形式为主外,还包括以实物形式或其他形式;③向社会不特定对象即社会公众筹集资金;④以合法形式掩盖其非法集资的性质。

为依法惩治非法吸收公众存款、集资诈骗等非法集资犯罪活动,最高人民法院会同中国银行业监督管理委员会等有关单位,研究制定了《关于审理非法集资刑事案件具体应用法律若干问题的解释》,该司法解释自 2011 年 1 月 4 日起施行。该司法解释中规定,个人非法吸收公众存款 20 万元以上或集资对象超过 30 人、单位非法吸收公众存款 100 万元以上或吸储对象超过 150 人,将追究刑事责任。

此外,一些地方法院对非法集资与民间借贷的界定也作出规定。例如,2010 年 5 月 27 日,浙江省高院出台了《关于为中小企业创业创新发展提供司法保障的指导意见》,意见中规定:未经社会公开宣传,在单位职工或亲友内部针对特定对象筹集资金的,一般不作为非法集资;资金主要用于生产经营及相关活动,行为人有还款意愿,能够及时清退集资款项,情节轻微,社会危害不大的,可免予刑事处罚或不作犯罪处理。

17. 什么是非法吸收公众存款或者变相吸收公众存款罪?如何认定?诈骗行为的表现主要有哪些?

最高人民法院《关于审理非法集资刑事案件具体应用法律若

干问题的解释》(法释[2010]18号),对我国《刑法》176条规定的非法吸收公众存款或者变相吸收公众存款犯罪的行为作出具体说明。

单位或者个人违反国家金融管理法律规定,向社会公众吸收资金的行为,同时具备下列4个条件:①未经有关部门依法批准或者借用合法经营的形式吸收资金;②通过媒体、推介会、传单、手机短信等途径向社会公开宣传;③承诺在一定期限内以货币、实物、股权等方式还本付息或者给付回报;④向社会公众即社会不特定对象吸收资金。未向社会公开宣传,在亲友或者单位内部针对特定对象吸收资金的,不属于非法吸收或者变相吸收公众存款。

实施下列行为之一,且符合上述条件的,以非法吸收公众存款罪定罪处罚:①不具有房产销售的真实内容或者不以房产销售为主要目的,以返本销售、售后包租、约定回购、销售房产份额等方式非法吸收资金的;②以转让林权并代为管护等方式非法吸收资金的;③以代种植(养殖)、租种植(养殖)、联合种植(养殖)等方式非法吸收资金的;④不具有销售商品、提供服务的真实内容或者不以销售商品、提供服务为主要目的,以商品回购、寄存代售等方式非法吸收资金的;⑤不具有发行股票、债券的真实内容,以虚假转让股权、发售虚构债券等方式非法吸收资金的;⑥不具有募集基金的真实内容,以假借境外基金、发售虚构基金等方式非法吸收资金的;⑦不具有销售保险的真实内容,以假冒保险公司、伪造保险单据等方式非法吸收资金的;⑧以投资入股的方式非法吸收资金的;⑨以委托理财的方式非法吸收资金的;⑩利用民间"会"、"社"等组织非法吸收资金的;⑪其他非法吸收资金的行为。上述各项为行为人实施诈骗行为的表现。

18. 非法吸收公众存款或者变相吸收公众存款的,如何界定罪与非罪?量刑标准是如何规定的?

最高人民法院的司法解释(法释[2010]18号)规定,非法吸收或者变相吸收公众存款，具有下列情形之一的，应当依法追究刑事责任：①个人非法吸收或者变相吸收公众存款，数额在20万元以上的，单位非法吸收或者变相吸收公众存款，数额在100万元以上的；②个人非法吸收或者变相吸收公众存款对象30人以上的，单位非法吸收或者变相吸收公众存款对象150人以上的；③个人非法吸收或者变相吸收公众存款，给存款人造成直接经济损失数额在10万元以上的，单位非法吸收或者变相吸收公众存款，给存款人造成直接经济损失数额在50万元以上的；④造成恶劣社会影响或者其他严重后果的。

具有下列情形之一的，属于"数额巨大或者有其他严重情节"：①个人非法吸收或者变相吸收公众存款，数额在100万元以上的，单位非法吸收或者变相吸收公众存款，数额在500万元以上的；②个人非法吸收或者变相吸收公众存款对象100人以上的，单位非法吸收或者变相吸收公众存款对象500人以上的；③个人非法吸收或者变相吸收公众存款，给存款人造成直接经济损失数额在50万元以上的，单位非法吸收或者变相吸收公众存款，给存款人造成直接经济损失数额在250万元以上的；④造成特别恶劣社会影响或者其他特别严重后果的。

非法吸收或者变相吸收公众存款的数额，以行为人所吸收的资金全额计算。案发前后已归还的数额，可以作为量刑情节酌情考虑。

非法吸收或者变相吸收公众存款，主要用于正常的生产经营活动，能够及时清退所吸收资金，可以免予刑事处罚；情节显著轻微的，不作为犯罪处理。

依照《刑法》第176条的规定，犯非法吸收公众存款罪，处3年以下有期徒刑或者拘役，并处或者单处2万元以上20万元以下罚金；数额巨大或者有其他严重情节的，处3年以上10年以下有期徒刑，并处5万元以上50万元以下罚金。单位犯非法吸收公众存款罪的，对单位判处罚金，并对其直接负责的主管人员和其他直接责任人员，依照自然人犯罪的法定刑处罚。

19. 什么是集资诈骗罪？如何认定？有哪些行为表现？

集资诈骗罪是指以非法占有为目的，违反有关金融法律、法规的规定，使用诈骗方法（见 17 问解答的诈骗行为）进行非法集资，扰乱国家正常金融秩序，侵犯公私财产所有权，且数额较大的行为。

根据最高人民法院司法解释的规定，具有下列情形之一的，可以认定为“以非法占有为目的”：①集资后不用于生产经营活动或者用于生产经营活动与筹集资金规模明显不成比例，致使集资款不能返还的；②肆意挥霍集资款，致使集资款不能返还的；③携带集资款逃匿的；④将集资款用于违法犯罪活动的；⑤抽逃、转移资金、隐匿财产，逃避返还资金的；⑥隐匿、销毁账目，或者搞假破产、假倒闭，逃避返还资金的；⑦拒不交代资金去向，逃避返还资金的；⑧其他可以认定非法占有目的的情形。

集资诈骗罪中的非法占有目的，应当区分情形进行具体认定。行为人部分非法集资行为具有非法占有目的的，对该部分非法集资行为所涉集资款以集资诈骗罪定罪处罚；非法集资共同犯罪中部分行为人具有非法占有目的，其他行为人没有非法占有集资款的共同故意和行为的，对具有非法占有目的的行为人以集资诈骗罪定罪处罚。

20. 集资诈骗罪与非罪的界定标准是什么？如何量刑？

集资诈骗罪的特征除了以非法占有为目的，使用诈骗方法外，还应考虑骗取数额较大。根据司法解释的规定，个人进行集资诈骗，数额在 10 万元以上的，应当认定为“数额较大”；数额在 30 万元以上的，应当认定为“数额巨大”；数额在100万元以上的，应当认定为“数额特别巨大”。

单位进行集资诈骗，数额在50万元以上的，应当认定为“数额较大”；数额在150万元以上的，应当认定为“数额巨大”；数额在500万元以上的，应当认定为“数额特别巨大”。

集资诈骗的数额以行为人实际骗取的数额计算，案发前已归还的数额应予扣除。行为人为实施集资诈骗活动而支付的广告费、中介费、手续费、回扣，或者用于行贿、赠与等费用，不予扣除。行为人为实施集资诈骗活动而支付的利息，除本金未归还可予折抵本金以外，应当计入诈骗数额。

《刑法》第192条规定，以非法占有为目的，使用诈骗方法非法集资，数额较大的，处5年以下有期徒刑或者拘役，并处2万元以上20万元以下罚金；数额巨大或者有其他严重情节的，处5年以上10年以下有期徒刑，并处5万元以上50万元以下罚金；数额特别巨大或者有其他特别严重情节的，处10年以上有期徒刑或者无期徒刑，并处5万元以上50万元以下罚金或者没收财产。刑法修正案八补充规定，数额特别巨大并且给国家和人民利益造成特别重大损失的，处无期徒刑或者死刑，并处没收财产。

21. 什么是高利转贷罪？该罪的立案标准是如何规定的？

根据《刑法》第175条的规定，高利转贷罪是指以转贷牟利为目的，套取金融机构信贷资金高利转贷他人，违法所得数额较大的行为。

《最高人民检察院、公安部关于公安机关管辖的刑事案件立案追诉标准的规定（二）》（公通字[2010]23号）中规定：以转贷牟利为目的，套取金融机构信贷资金高利转贷他人，涉嫌下列情形之一的，应予立案追诉：①高利转贷，违法所得数额在10万元以上的；

②虽未达到上述数额标准,但2年内因高利转贷受过行政处罚2次以上,又高利转贷的。

22. 高利转贷罪有哪些特征?如何量刑?

《刑法》第175条对高利转贷罪作出了规定。根据该条的规定,其具有以下特征:①构成犯罪的主体必须是取得金融机构信贷资金的个人或者单位,其他人不能成为本罪的主体;②行为人在客观上有违反规定取得金融机构信贷资金并将这些信贷资金高利转贷给他人,获取非法利益的行为。这里所说的"套取金融机构信贷资金高利转贷他人"是指行为人以编造虚假理由等手段,将取得的商业银行、信托投资公司、农村信用社、城市合作银行等金融机构的信贷资金,又转贷给第三人。行为人转贷给他人的资金必须是金融机构的信贷资金。如果行为人只是将自己的资金借贷给他人的,不属于转贷他人,不构成犯罪;③行为人采取收取高利的方式将金融机构的信贷资金转贷给他人,从中获取非法利益。如果行为人没有以高利而是以取得贷款的相同利率转贷他人,尽管行为本身也违反了国家规定,但不构成犯罪;④行为人将金融机构信贷资金转贷他人,获取非法利益,必须达到数额较大的,才构成犯罪,这是区分罪与非罪的重要界限(见21问解答的立案标准)。

犯高利转贷罪,违法所得数额较大的,处3年以下有期徒刑或者拘役,并处违法所得1倍以上5倍以下罚金;数额巨大的,处3年以上7年以下有期徒刑,并处违法所得1倍以上5倍以下罚金。单位犯该罪的,对单位判处罚金,并对其直接负责的主管人员和其他直接责任人员,处3年以下有期徒刑或者拘役。

第二章　农村资金互助组织

23. 目前我国农村资金互助组织存在哪些形式?

表 2-1　我国农村资金互助组织存在的主要形式

分类标准	存在形式
根据规范程度	①经过当地银监部门批准,工商部门登记注册的农村资金互助社; ②经过当地农工办批准,在民政部门登记成立的农村资金互助社; ③在农民专业合作社内部自发开展资金互助。
根据产生的动机	①外生型; ②内生型。
根据社员来源	①来自于一个农民专业合作社的成员; ②来自于两个或两个以上农民专业合作社的成员。

24. 农村资金互助社设立、运营与管理的主要政策、法律依据有哪些?

目前,按照银监会等相关部门制定的政策要求,经过当地银监部门批准,工商部门登记注册的农村资金互助社,是最为规范的农村资金互助组织(相关的政策、法律依据请见第一章表 1-3

的内容)。

此外,由于农村资金互助社属于银行业金融机构,因此,其设立及相关经营活动,还应当遵守《中华人民共和国银行业监督管理法》、《中华人民共和国商业银行法》等相关法律的规定。

25. 什么是农村资金互助社?农村资金互助社具有哪些特征?

《农村资金互助社管理暂行规定》第2条规定,农村资金互助社是指经银行业监督管理机构批准,由乡(镇)、行政村农民和农村小企业自愿入股组成,为社员提供存款、贷款、结算等业务的社区互助性银行业金融机构。

根据该条的规定,农村资金互助社反映出以下特征:①须依法批准设立。农村资金互助社的设立须经银行业监督管理机构批准,经工商注册登记设立。②属于社区互助性银行业金融机构。农村资金互助社由乡(镇)、行政村农民和农村小企业自愿入股组成,为社员提供存款、贷款、结算等业务,实行社员民主管理,以服务社员为宗旨,谋求社员共同利益。③具有法人资格。农村资金互助社是独立的企业法人,对由社员股金、积累及合法取得的其他资产所形成的法人财产,享有占有、使用、收益和处分的权利,并以上述财产对债务承担责任。农村资金互助社社员以其社员股金和在本社的社员积累为限对该社承担责任。④合法权益和经营活动受法律保护。农村资金互助社从事经营活动,应遵守有关法律、法规和国家金融方针政策,诚实守信,审慎经营,依法接受银行业监督管理机构的监管。农村资金互助社的合法权益和依法开展经营活动受法律保护,任何单位和个人不得侵犯。

26. 设立农村资金互助社应当具备哪些条件?

根据《农村资金互助社暂行规定》第9条的要求，设立农村资金互助社应符合以下条件(参考第一章表1-7)：①有符合本规定要求的章程；②有10名以上符合本规定社员条件要求的发起人；③有符合本规定要求的注册资本，在乡(镇)设立的，注册资本不低于30万元人民币，在行政村设立的，注册资本不低于10万元人民币，注册资本应为实缴资本；④有符合任职资格的理事、经理和具备从业条件的工作人员；⑤有符合要求的营业场所，安全防范设施和与业务有关的其他设施；⑥有符合规定的组织机构和管理制度；⑦银行业监督管理机构规定的其他条件。

27. 如何制定农村资金互助社的章程?

为规范农村资金互助社章程，银监会办公厅专门制定了《农村资金互助社示范章程》(银监办发[2007]51号)，是各地在组建农村资金互助社工作中的重要参考。

28. 农民及农村小企业向农村资金互助社入股应符合哪些条件?需以什么方式出资?对其出资比例有什么限制?

《农村资金互助社管理暂行规定》第19条、第20条分别规定了农民及农村小企业入股农村资金互助社的条件等内容，见表2-2。

表 2-2　农村资金互助社入股条件、出资方式及比例

入股条件	农民入股的条件：①具有完全民事行为能力；②户口所在地或经常居住地（本地有固定住所且居住满 3 年）在入股农村资金互助社所在乡（镇）或行政村内；③入股资金为自有资金且来源合法，达到章程规定的入股金额起点；④诚实守信，声誉良好等。
	农村小企业入股的条件：①注册地或主要营业场所在入股农村资金互助社所在乡（镇）或行政村内；②具有良好的信用记录；③上一年度盈利；④年终分配后净资产达到全部资产的 10%以上（合并会计报表口径）；⑤入股资金为自有资金且来源合法，达到章程规定的入股金额起点等。
出资方式	社员入股必须以货币出资，不得以实物、贷款或其他方式入股。
持股比例	单个农民或单个农村小企业向农村资金互助社入股，其持股比例不得超过农村资金互助社股金总额的 10%，超过 5%的应经银行业监督管理机构批准。
入股凭证	农村资金互助社应向入股社员颁发记名股金证，作为社员的入股凭证。

29. 农村资金互助社申请筹建阶段的主要工作程序有哪些？

①确认组建对象。地方政府积极引导，帮助组织推动，银行业监管部门给予具体政策指导，依据《农村资金互助社管理暂行规定》确定的组建条件确定组建对象。

②成立筹建工作小组。选择 5 名符合社员资格条件，有投资意向，具有一定组织能力，在当地有一定威望，明确承诺作为组建发起人的农民和小企业法人代表，组成农村资金互助社筹建工作小组（推举组长 1 名），负责各项筹备工作，并作为农村资金互助社

筹建和开业的申请人。

③开展组建可行性研究。筹建工作小组应对当地经济金融情况、组建农村资金互助社的可行性和必要性、未来业务发展规划、风险控制能力等进行分析研究，拟定可行性研究报告。

④拟定筹建方案。筹建工作小组应拟定筹建工作方案，全面安排领导组织、注册资本、股本结构、股权设置、股金认购、组织管理架构、机构选址、管理制度制订计划、理事和经理配备、从业人员配置等事项。

⑤确定发起人。筹建工作小组应制定募股方案和发起人认股说明书，按照公开、公正和自愿的原则征集发起人。如遇特殊情况，发起人可以书面委托其他发起人签署发起人协议书。

⑥预先核准名称。筹建工作小组在申请筹建前要向当地工商行政管理部门申请预先核准拟设立农村资金互助社的名称。

⑦申请筹建。在各项筹备工作完成且符合要求后，筹建工作小组向银监局提出筹建申请，银监分局同意受理后，在 20 日内将初步审查意见（主要包括受理情况、申请材料完整性、申报前的各项工作完成情况、是否符合规定的设立条件等）和全部申请材料上报银监局审批；银监局所在城市的乡（镇）、行政村农村资金互助社的筹建申请由银监局负责受理。银监局自收到完整申请材料或受理之日起 4 个月内作出批准或者不批准的书面决定。

30. 农村资金互助社申请筹建阶段，应当提交的文件及具体要求有哪些？

①申请书。申请书应当载明拟设立机构性质、组织形式、名称、业务范围、拟注册的资本金额和住所、发起人基本情况及出资比例、是否符合设立条件。

②可行性研究报告。内容包括当地经济金融情况、组建农村资金互助社的可行性和必要性、市场前景分析（包括市场定位、同

业状况、设立后所能提供的服务)、未来业务发展规划(拟设机构开业后3年的资产负债规模、盈利、不良贷款比例、资本充足率等预测)、风险控制能力。

③筹建方案。内容包括筹建工作的领导组织、注册资本、股本结构、股权设置、股金认购、组织架构、理事和经理配备、从业人员配备、选址方案(地址、营业场所取得方式、面积、营业设施和安全防范设施的配备计划)、主要管理制度制订计划、筹建工作步骤和时间安排等。

④发起人认股说明书。内容包括本次股金发行概况(股权设置、入股起点金额、股金总额)、认购人的条件、权利和义务、农村资金互助社发展预测、面临风险因素及主要对策、认购资金运用、未来股利分配政策、发起人认股预先登记日期、本次认购的起止期限及逾期未募足时发起人可撤回所认股份的说明、附录和备查文件说明等。

⑤发起人协议书。内容包括:总则、经营宗旨、机构性质、名称、住所、业务范围、注册资本、股本结构、股权设置、发起人入股金额和入股比例、发起人权利和义务、筹建工作小组及其办公室职责、附则。发起人应在发起人协议书上签名盖章,或委托代理人签名盖章。

其一,农村小企业发起人名录包括企业法人代码、住所、成立日期、拟认购股金数、净资产占总资产比例、上一年度盈利状况、归还金融机构贷款情况。

其二,农民发起人名录包括每个农民身份证号码、住址、拟认购股金数(签字册、委托书与名录不报送银行业监督管理机构,当地银行业监督管理机构验收时现场审查,在审核报告中反映)。

⑥农村小企业同意出资入股的决议、营业执照复印件。

⑦农村小企业关于对入股资金来源合法性、其本身及关联企业入股情况、其本身与农村资金互助社不发生违规关联交易关系、

提供资料真实性以及向境内其他银行业金融机构投资入股情况（包括所持股份与股份比例等情况）出具的书面声明。

⑧联系人、联系电话、传真电话、电子邮件和联系地址（邮编）。

31. 农村资金互助社申请筹建阶段的审核内容主要有哪些？

①筹建申请材料完整，附件齐全。

②可行性研究报告中关于业务发展、风险控制的分析合理可行。

③筹建工作方案中关于募集资金、组织架构和内部控制机制建设的落实措施合法合规、切实可行。

④发起人符合入股农村资金互助社的条件，发起人协议书内容合法，签订程序合法有效。

⑤发起人认股说明书内容齐全、翔实，信息披露恰当。

⑥银行业监督管理机构要求的其他资料。

32. 农村资金互助社开业工作程序主要有哪些？

①筹资验资。银监局批准筹建后，筹建工作小组负责组织完成股金认购。发起人认缴全部股款后，筹建工作小组应聘请依法设立的验资机构进行验资，按期提交验资报告。

②选举社员代表。社员超过 100 人的农村资金互助社，可选举不少于 31 名社员代表组成权力机构，社员代表应按社员数量比例或入股比例分别从农民社员和农村小企业社员中选举产生。

③提名理事、经理和监事拟任人选。农村资金互助社的理事、监事和经理拟任人选由筹建工作小组在广泛征求意见的基础上，与银监分局沟通后向创立大会提名。5 名及以上社员联名可以向筹建工作小组推荐人选。

④召开创立暨社员大会(社员代表大会)、理事会、监事会。召开创立暨社员大会(社员代表大会)审议通过筹建工作报告、章程草案、基本管理制度,选举理事、监事。召开理事会选举理事长,通过理事会议事规则,聘任经理、聘用工作人员。召开监事会选举监事长,通过监事会议事规则。理事、经理和监事采取无记名投票,差额选举方式,候选人人数不少于应选人数的2倍。

不设理事会的,社员大会(社员代表大会)选举经理,经理在征求监事会意见后聘用工作人员。

⑤申请开业。各项筹建工作完成后,筹建工作小组向银监分局提出开业申请,银监分局负责受理、审查并决定。银监局所在城市的乡(镇)、行政村农村资金互助社的开业申请由银监局负责受理、审查并决定。银监局或银监分局自受理之日起2个月内作出核准或者不予核准的书面决定。

⑥领证注册。银监局或银监分局核准开业后,筹建工作小组应在规定时间内到决定机关领取金融许可证,并按规定到当地工商行政管理部门办理注册登记,领取营业执照。

⑦开业。农村资金互助社应在取得金融许可证、营业执照,刻制印章、牌匾等所有工作准备就绪后开业。筹建工作小组应事先向开业审批决定机关报告开业日期。

33. 农村资金互助社开业阶段,应当提交的主要文件及具体内容有哪些要求?

①申请书。内容包括拟开业机构名称、住所、业务范围、发起人认购股金、注册资本、股本结构、股权设置、资本充足率、章程情况,创立大会、理事会、监事会组成及通过的各项决议情况,拟聘任经理,经营方针及计划、主要管理制度、营业场所、安全防范设施等情况是否符合开业条件。

②筹建工作小组关于对拟任职理事、经理任职资格进行审核

的请示。

③筹建工作报告。内容包括筹建过程、筹建工作落实情况和是否符合开业要求等。

④章程(草案)。

⑤法定验资机构出具的验资证明,包括:验资报告,应详细说明农村小企业社员资格的审验情况;附件,包括注册资本实收情况汇总表、注册资本实收情况明细表、农村小企业社员投资资格一览表(列示每个农村小企业社员净资产比例、上一年度盈利状况、近2年归还银行贷款等情况)、入股社员名册及其出资额(农村小企业要有住所和法人代码)和出资比例、验资事项说明,农村小企业社员入股凭证复印件,法定验资机构及注册会计师的资质证明。

社员名册、农民社员入股凭证复印件存于农村资金互助社,由当地银行业监督管理机构验收时进行现场审验,不须报送受理决定机关。

⑥拟任职理事、经理名单一览表(包括姓名、出生年月、身份证号码、现工作单位及职务,在农村资金互助社拟任职务)以及相关资格证明资料:任职资格申请表(申请表中内容应如实填列,筹建工作小组应加盖公章);对拟任人的品行、业务能力、管理能力、工作业绩等方面的综合鉴定;离任审计报告(经济责任审计报告);居民身份证、专业技术职称和国家认可的学历证明材料复印件;个人承诺书(理事、经理要对个人有否大额负债、违法违纪行为及是否能够诚信和公正履职进行承诺)。

除理事长外,其他理事拟任人不提供综合鉴定和离任审计报告(经济责任审计报告)。

⑦监事会成员名单和简历。

⑧从业人员的基本情况表(包括姓名、性别、年龄、拟从事岗位、工作经历、学历等)。

⑨营业场所、安全防范设施等相关材料。

⑩创立暨社员大会(社员代表大会)、理事会、监事会审议通过的有关决议:审议通过章程草案的决议;审议通过社员大会(社员代表大会)议事规则的决议;审议通过选举理事、监事、选举或聘任经理的决议;审议通过岗位设置、职责分工及主要管理制度的决议;审议通过理事会议事规则的决议;选举理事长的决议;审议通过监事会议事规则的决议;选举监事长的决议。

各项决议应该注明决议编号、实到人员占应到人员的比例、通过决议的赞成、反对和弃权人数及比例并由监票人、唱票人和计票人签字,选举理事、监事,选举或聘任经理的决议应注明当选人的赞成、反对和弃权人数及比例,社员大会(社员代表大会)决议应由全体到会社员或代表签名,理事会、监事会决议应由理事、监事签名。

⑪主要管理制度,内容包括社员大会(社员代表大会)、理事会、监事会议事规则,财务、信贷、安全保卫等管理制度。

⑫筹建批复或延期筹建批复的复印件。

⑬联系人、联系电话、传真电话、电子邮件和联系地址(邮编)。

34. 农村资金互助社开业审核的主要内容有哪些?

①开业申请材料完整,附件齐全;

②章程(草案)的内容完备且合法合规;

③社员符合入股农村资金互助社的条件;

④股权设置、股本结构合法合规;

⑤验资报告合法合规,附件齐全;

⑥验资机构资质合法;

⑦审议通过的各项决议程序合法,内容和要素齐全且合法合规;

⑧组织架构、职责分工、主要管理制度及业务发展规划符合监管要求;

⑨理事、理事长、经理符合任职资格条件；

⑩从业人员符合要求；

⑪营业场所和安全防范设施等相关资料齐全；

⑫银行业监督管理机构要求的其他资料。

35. 农村资金互助社可以设立分支机构吗？

《农村资金互助社管理暂行规定》第 16 条明确规定："农村资金互助社不得设立分支机构"。

36. 农村资金互助社的资金来源主要有哪些？资金主要用于哪些方面？

农村资金互助社以吸收社员存款、接受社会捐赠资金和向其他银行业金融机构融入资金作为资金来源。但是，农村资金互助社不得向非社员吸收存款。农村资金互助社接受社会捐赠资金，应由属地银行业监督管理机构对捐赠人身份和资金来源合法性进行审核；向其他银行业金融机构融入资金应符合本规定要求的审慎条件（表 1-8）。

农村资金互助社的资金主要用于以下方面：

①农村资金互助社的资金应主要用于发放社员贷款，满足社员贷款需求后确有富余的可存放其他银行业金融机构，也可购买国债和金融债券。

农村资金互助社发放大额贷款、购买国债或金融债券、向其他银行业金融机构融入资金，应事先征求理事会、监事会意见。

②农村资金互助社可以办理结算业务，并按有关规定开办各类代理业务。

③农村资金互助社开办其他业务应经属地银行业监督管理机构及其他有关部门批准。

但是，农村资金互助社不得向非社员发放贷款及办理其他金融业务，不得以该社资产为其他单位或个人提供担保。

37. 农村资金互助社可以经营哪些业务?

在上一问中已经介绍了农村资金互助社资金的主要用途，实际反映的就是农村资金互助社的经营业务范围(表 1-9)。

38. 农村资金互助社可以向非社员吸收存款、发放贷款吗? 能否以该社资产为其他单位或个人提供担保? 向社员发放贷款的富余资金如何运作?

由于农村资金互助社属于社区互助性质的金融机构，因此，其吸收存款和发放贷款只能限定在社员之间，暂行办法明确规定不得向非社员吸收存款、发放贷款及办理其他金融业务，并且不得以该社资产为其他单位或个人提供担保。

农村资金互助社向社员发放贷款后的富余资金可存放其他银行业金融机构，也可购买国债和金融债券。同时规定，农村资金互助社发放大额贷款、购买国债或金融债券、向其他银行业金融机构融入资金，应事先征求理事会、监事会意见。上述规定显然反映出对资金安全性的要求，因此，农村资金互助社的富余资金不得投资于股市等风险较高的证券市场。

39. 农村资金互助社发放贷款应当坚持什么原则? 对其发放贷款有哪些限制?

虽然在暂行办法中，对农村资金互助社发放贷款的原则没有作出明确的规定，但是，根据该办法的有关内容，可以归纳出如下的贷款原则。

①互助原则。由于农村资金互助社属于社区互助性银行业金融机构。暂行办法的第三条明确规定,“农村资金互助社实行社员民主管理,以服务社员为宗旨,谋求社员共同利益。”因此,其发放贷款的对象只能限定为入社社员。

②小额原则。农村资金互助社的注册资本规模要求不高(在乡镇设立的,其注册资本不得低于30万元人民币;在行政村设立的,其注册资本不得低于10万元人民币),资金运作能力有限,因此,其贷款金额一般较小,通常为几千元或两三万元。

③便捷原则。与其他商业银行比较,农村资金互助社向其社员发放贷款手续更加简便、快捷。根据我国《商业银行法》的规定,商业银行贷款,借款人应当提供担保。商业银行应当对保证人的偿还能力,抵押物、质物的权属和价值以及实现抵押权、质权的可行性进行严格审查。对此,《农村资金互助社暂行办法》中并无硬性要求。因为建立在社区互助基础上的资金互助社,社员之间存在足够的信任关系,加之贷款金额较小,因此其审批简便,放贷速度快。

④安全原则。这一原则是所有金融机构在放贷时必然要考虑和遵循的原则之一。例如,暂行办法中规定,对单一社员的贷款总额不得超过资本净额的15%;对单一农村小企业社员及其关联企业社员、单一农民社员及其在同一户口簿上的其他社员贷款总额不得超过资本净额的20%;对前十大户贷款总额不得超过资本净额的50%等,都是出于对贷款资金安全性的考虑所提出的要求。

40. 农村资金互助社的社员股金可以转让、继承吗?如果社员申请退股应当怎么办理?

农村资金互助社社员的股金和积累可以转让、继承和赠与,但理事、监事和经理持有的股金和积累在任职期限内不得转让。

社员申请退股,应当符合《农村资金互助社管理暂行规定》的条件，并按照规定的程序办理。该规定第27条规定，同时满足以下条件，社员可以办理退股：①社员提出全额退股申请；②农村资金互助社当年盈利；③退股后农村资金互助社资本充足率不低于8%；④在本社没有逾期未偿还的贷款本息。要求退股的，农民社员应提前3个月，农村小企业社员应提前6个月向理事会或经理提出，经批准后办理退股手续。退股社员的社员资格在完成退股手续后终止。

41. 社员退社后，其在社员资格终止前与农村资金互助社订立的合同是否要继续履行？社员能否要求退还股金和积累的份额？

社员在其资格终止前与农村资金互助社已订立的合同，应当继续履行；但是，章程另有规定或者与该社另有约定的除外。

社员资格终止的，农村资金互助社应当按照章程规定的方式、期限和程序，及时退还该社员的股金和积累份额。社员资格终止的当年不享受盈余分配。

42. 农村资金互助社如何建立组织机构？其职责及议事规则有哪些要求？

表 2-3 农村资金互助社是组织机构

	社员大会	理事会与理事长	经理及财务负责人	监事会
性 质	权力机构	决策机构	执行机构	监督机构
产生与组成	由全体成员组成。见注1	①原则上不设理事会；设立理事会的，理事不少于3人，设理事长1人，理事长为法定代表人；②理事由社员大会选举产生。	经理1名(可由理事长兼任)，未设理事会的，经理为法定代表人。	①由社员、捐赠人以及向其提供融资的金融机构等利益相关者组成。其成员一般不少于3人，设监事长1人；②经理和工作人员不得兼任监事。
职 责	见注2	由章程规定。	①按照章程规定和社员大会(社员代表大会)的授权，负责该社的经营管理；②经理事会、监事会同意，经理可以聘任(解聘)财务、信贷等工作人员。	由章程规定。
议事规则	见注3	由章程规定。		由章程规定。

注1：社员超过100人的，可以由全体社员选举产生不少于31名的社员代表组成社员代表大会，社员代表大会按照章程规定行使社员大会职权。

注2：①制定或修改章程；②选举、更换理事、监事以及不设理事会的经理；③审议

通过基本管理制度；④审议批准年度工作报告；⑤审议决定固定资产购置以及其他重要经营活动；⑥审议批准年度财务预、决算方案和利润分配方案、弥补亏损方案；⑦审议决定管理和工作人员薪酬；⑧对合并、分立、解散和清算等作出决议等。

注 3：①召开社员大会(社员代表大会)，出席人数应当达到社员(社员代表)总数 2/3 以上；②选举或者作出决议，应当由该社社员(社员代表)表决权总数过半数通过；作出修改章程或者合并、分立、解散和清算的决议应当由该社社员表决权总数的 2/3 以上通过。章程对表决权数有较高规定的，从其规定；③社员大会(社员代表大会)每年至少召开 1 次，有以下情形之一的，应当在 20 日内召开临时社员大会(社员代表大会)：a. 1/3 以上的社员提议；b. 理事会、监事会、经理提议；c. 章程规定的其他情形。④社员大会(社员代表大会)由理事会召集，不设理事会的由经理召集，应于会议召开 15 日前将会议时间、地点及审议事项通知全体社员(社员代表)。章程另有规定的除外；⑤召开社员大会(社员代表大会)、理事会应提前 5 个工作日通知属地银行业监督管理机构，银行业监督管理机构有权参加；⑥社员大会(社员代表大会)、理事会决议应在会后 10 日内报送银行业监督管理机构备案。

43. 农村资金互助社的理事、监事及经理如何产生？理事与经理应当具备什么资格？谁是资金互助社的法定代表人？

理事、监事均由社员大会或社员代表大会选举产生。不设理事会的资金互助社的经理也由社员大会或社员代表大会选举产生。

农村资金互助社理事、经理任职资格需经属地银行业监督管理机构核准。农村资金互助社理事长、经理应具备高中或中专及以上学历，上岗前应通过相应的从业资格考试。

理事长为法定代表人；未设理事会的，经理为法定代表人。

44. 农村资金互助社应如何进行风险管理？有哪些具体要求？

《农村资金互助社管理暂行规定》第47条对此有严格的要求，农村资金互助社应审慎经营，严格进行风险管理：

①资本充足率不得低于8%；

②对单一社员的贷款总额不得超过资本净额的15%；

③对单一农村小企业社员及其关联企业社员、单一农民社员及其在同一户口簿上的其他社员贷款总额不得超过资本净额的20%；

④对前十大户贷款总额不得超过资本净额的50%；

⑤资产损失准备充足率不得低于100%；

⑥银行业监督管理机构规定的其他审慎要求。

此外，农村资金互助社根据其业务经营需要，考虑安全因素，应按存款和股金总额一定比例合理核定库存现金限额。

45. 农村资金互助社应如何建立财会制度？如何对社员进行利润分配？农村资金互助社如何对社员进行相关财务报告的披露义务，向监管机构履行报告义务？

农村资金互助社执行国家有关金融企业的财务制度和会计准则，设置会计科目和法定会计账册，进行会计核算。

农村资金互助社应按照财务会计制度规定提取呆账准备金，进行利润分配，在分配中应体现多积累和可持续的原则。

农村资金互助社当年如有未分配利润（亏损）应全额计入社员积累，按照股金份额量化至每个社员。

农村资金互助社应按照规定向社员披露社员股金和积累情况、财务会计报告、贷款及经营风险情况、投融资情况、盈利及其分配情况、案件和其他重大事项。

农村资金互助社应按规定向属地银行业监督管理机构报送业务和财务报表、报告及相关资料，并对所报报表、报告和相关资料的真实性、准确性、完整性负责。

46. 银行业监督管理机构如何对农村资金互助社进行监管？根据农村资金互助社的资本充足和资产风险状况，如何采取差别监管措施？

银行业监督管理机构按照审慎监管要求对农村资金互助社进行持续、动态监管。

银行业监督管理机构根据农村资金互助社的资本充足和资产风险状况，采取差别监管措施。具体见表2-4。

表2-4 农村资金互助社资本充足率和资产风险状况监管

资本充足率	监管措施
大于8%；不良资产率在5%以下	可向其他银行业金融机构融入资金，属地银行业监督管理部门有权依据其运营状况和信用程度提出相应的限制性措施。
低于8%大于2%	应禁止其向其他银行业金融机构融入资金，限制其发放贷款，并加大非现场监管及现场检查的力度。
低于2%	应责令其限期增扩股金、清收不良贷款、降低资产规模，限期内未达到规定的，要求其自行解散或予以撤销。

农村资金互助社违反上述规定及其他审慎性要求的，银行业监督管理机构应责令其限期整改，并采取相应监管措施。

47. 农村资金互助社违反有关法律、法规，存在超业务范围经营、账外经营、设立分支机构、擅自变更法定变更事项等行为的，应当如何处理？

农村资金互助社违反有关法律、法规，存在超业务范围经营、账外经营、设立分支机构、擅自变更法定变更事项等行为的，银行业监督管理机构应责令其改正，并按《中华人民共和国银行业监督管理法》和《金融违法行为处罚办法》等法律法规进行处罚。对理事、经理、工作人员的违法违规行为，可责令农村资金互助社给予处分，并视不同情形，对理事、经理给予取消一定期限直至终身任职资格的处分。构成犯罪的，移交司法机关，依法追究刑事责任。

48. 什么情况属于农村资金互助社法人机构临时停业？应当如何办理？

法人机构本部连续停止营业时间 3 天以上 6 个月以内为临时停业。法人机构本部的临时停业由法人机构作为申请人。

法人机构本部临时停业，由银监分局或所在城市银监局受理、审查并决定。银监分局或银监局自受理之日起 10 日内作出批准或者不批准的书面决定。

经批准的临时停业期限届满或导致临时停业的原因消除的，临时停业机构应当复业，原申请人应在复业后 5 日内向决定机关报告。遇特殊情况需延长临时停业期限的，应按前述程序重新申请。

49. 农村资金互助社能申请破产吗？适用《企业破产法》的规定吗？

《农村资金互助社管理暂行规定》第 4 条明确规定，农村资金互助社是独立的企业法人，对由社员股金、积累及合法取得的其他资产所形成的法人财产，享有占有、使用、收益和处分的权利，并以上述财产对债务承担责任。我国的《企业破产法》第 2 条，就该法的适用范围也作出明确规定，其主体适用范围是所有的企业法人。因此，从以上 2 个法律文件的规定来看，农村资金互助社只要达到《企业破产法》规定的破产界限，也能对其提出破产申请。其破产程序的有关规定适用《企业破产法》的规定。

50. 农村资金互助社法人机构发生哪些情况应当终止？如何办理？

根据《农村中小金融机构行政许可事项实施办法》的规定，法人机构的终止分为解散和破产 2 种情形。

法人机构有下列情形之一的，应当申请解散：

①章程规定的营业期限届满或者章程规定其他的解散事由出现时；

②权力机构决议解散的；

③因分立、合并需要解散的。

农村资金互助社解散，由银监分局或所在城市银监局受理，银监局审查并决定。银监局自收到完整申请材料或直接受理之日起 3 个月内作出批准或者不批准的书面决定。

法人机构因分立、合并出现解散情形的，与分立、合并一并进行审批。

法人机构有下列情形之一的，在向法院申请破产前，应当向银监会申请并获得批准：

①不能支付到期债务，自愿或应其债权人要求申请破产的；

②因解散而清算，清算组发现机构财产不足以清偿债务，应当申请破产的。

农村中小金融机构申请破产的，由银监局受理并初步审查，银监会审查并决定。银监会自收到完整申请材料之日起3个月内作出批准或者不批准的书面决定。

51. 农村资金互助社因什么原因解散？如何进行清算？

《农村资金互助社暂行规定》第60条规定，农村资金互助社因以下原因解散：①章程规定的解散事由出现；②社员大会决议解散；③因合并或者分立需要解散；④依法被吊销营业执照或者被撤销。

因上述第一项、第二项、第四项原因解散的，应当在解散事由出现之日起15日内由社员大会推举成员组成清算组，开始解散清算。逾期不能组成清算组的，社员、债权人可以向人民法院申请指定社员组成清算组进行清算。

52. 农村资金互助社解散，社员能够办理退股吗？

根据《农村资金互助社暂行规定》第62条的规定，农村资金互助社因章程规定的解散事由出现时而解散的，不能办理社员退股。因其他原因而解散，社员是否有权要求退股，该暂行规定未作限制，因此，有必要在其章程中订明。

53. 农民专业合作社能否开展资金互助？

我国《农民专业合作社法》第2条明确规定，农民专业合作社是自愿联合、民主管理的互助性经济组织。其业务范围是以其成员为主要服务对象，提供农业生产资料的购买，农产品的销售、加工、运输、贮藏以及与农业生产经营有关的技术、信息等服务。由此可见，农民专业合作社开展资金互助，并不为该法明令限制。

54. 农民专业合作社内部开展资金互助，应当注意的关键问题是什么？

由于农民专业合作社属于互助性经济组织，参照《农村资金互助社管理暂行规定》第 2 条的规定，农村资金互助社是为社员提供存款、贷款、结算等业务的社区互助性银行业金融机构。因此，在农民专业合作社内部开展资金互助，应特别注意体现“社区互助”的特性，即存款、贷款行为均应限制在社员之间，在实践中，比较成功的经验是“两头堵死”，就是严防外部资金的进入，以及向外部人员发放贷款。否则，就违背了其社区互助的特点，从而可能导致资金的失控等风险的发生。

第三章 小额贷款公司

55. 小额贷款公司筹建、设立及运营管理的主要政策、法律依据有哪些?

小额贷款公司筹建、设立及运营管理的主要政策依据在第一章中已有介绍,见表1-3。

此外,小额贷款公司还应当适用《中华人民共和国银行业监督管理法》、《中华人民共和国商业银行法》、《中华人民共和国公司法》等有关法律的规定。

56. 小额贷款公司与贷款公司相同吗?小额贷款公司具有哪些特征?

《小额贷款公司试点指导意见》(下称《指导意见》)中规定,小额贷款公司是由自然人、企业法人与其他社会组织投资设立,不吸收公众存款,经营小额贷款业务的有限责任公司或股份有限公司。

小额贷款公司是企业法人,有独立的法人财产,享有法人财产权,以全部财产对其债务承担民事责任。小额贷款公司股东依法享有资产收益、参与重大决策和选择管理者等权利,以其认缴的出资额或认购的股份为限对公司承担责任。

《贷款公司管理暂行规定》的第2条规定,贷款公司是指经中国银行业监督管理委员会依据有关法律、法规批准,由境内商业银行或农村合作银行在农村地区设立的专门为县域农民、农业和农村经济发展提供贷款服务的非银行业金融机构。贷款公司是由境内商业银行或农村合作银行全额出资的有限责任公司。

根据上述规定，小额贷款公司与贷款公司，均属于具有企业法人资格的非银行业金融机构，但是二者又具有如下区别。

①投资者具有多样性。小额贷款公司是由自然人、企业法人与其他社会组织投资设立，其投资人包括自然人、企业法人和其他社会组织。不同于贷款公司的投资人限定为境内商业银行或农村合作银行。

②公司法律形式具有选择性。小额贷款公司可以是有限责任公司或股份有限公司。而贷款公司限定为由境内商业银行或农村合作银行全额出资的有限责任公司。

③业务范围具有特定性。小额贷款公司不吸收公众存款，经营小额贷款业务。贷款公司虽然属于非银行业金融机构，但是根据暂行规定，经银监分局或所在城市银监局批准，贷款公司可经营办理各项贷款、票据贴现、资产转让、贷款项下的结算等业务。

④审批机构具有差异性。申请设立小额贷款公司，应向省级政府主管部门提出正式申请，经批准后，到当地工商行政管理部门申请办理注册登记手续并领取营业执照。此外，还应在5个工作日内向当地公安机关、中国银行业监督管理委员会派出机构和中国人民银行分支机构报送相关资料。而设立贷款公司的程序更为复杂，应当经筹建和开业2个阶段。其审批机构为投资人注册地银行业监督管理机构。

57. 对小额贷款公司的股东或发起人有什么要求？

根据《指导意见》的有关规定，小额贷款公司的股东或发起人应当注意以下问题：

①小额贷款公司的股东或发起人可以是自然人、企业法人或其他社会组织。

②小额贷款公司的股东或发起人需符合法定人数。具体而言，有限责任公司由50个以下股东出资设立。股份有限公司应有2～200名发起人，其中须有过半数的发起人在中国境内有住所。

③出资设立小额贷款公司的自然人、企业法人和其他社会组织，应无犯罪记录和不良信用记录。

58. 对设立小额贷款公司的注册资本有什么要求？

根据《指导意见》的规定，小额贷款公司的注册资本来源应真实合法，全部为实收货币资本，由出资人或发起人一次足额缴纳。有限责任公司的注册资本不得低于500万元，股份有限公司的注册资本不得低于1 000万元。单一自然人、企业法人、其他社会组织及其关联方持有的股份，不得超过小额贷款公司注册资本总额的10%。

由此可见，设立小额贷款公司，其注册资本的要求具体如下：

①资金来源须真实合法。这是各类公司设立时，对其注册资本最基本的要求。所谓真实，即不存在虚假出资的情形；所谓合法，即资金来源具有合法性，而非通过非法手段获取。

②全部为实收货币资本。这一规定反映出其出资期限、出资方式与一般公司设立的区别。即小额贷款公司的出资人其出资必须一次足额缴纳，不可分期缴付出资，因此是实收资本，而非认缴资本；出资方式只限于货币出资，不可以其他方式如实物、知识产权等作为出资。

③注册资本需达到最低限额要求。有限责任公司的注册资本不得低于500万元，股份有限公司的注册资本不得低于1 000万元。各地根据本区域开展经济活动的需求，对注册资本的最低限额有具体要求的，应当遵守地方规定。

④单一股东持股不得超过限制。单一自然人、企业法人、其他社会组织及其关联方持有的股份，不得超过小额贷款公司注册资

本总额的10%。当然如此规定，不难发现这意味着小额贷款公司的股东不得少于10人，与其股东人数50人以下，或者发起人数2～50人的规定似乎矛盾。

59. 小额贷款公司与其他公司设立的程序相同吗？

小额贷款公司经工商行政管理部门注册登记，并领取营业执照后成立。仅工商注册登记的程序，与其他公司的设立是相同的。但是，其设立还应当经过事前的审批，和设立之后的相关材料的报送程序。

所谓事前审批，是指申请设立小额贷款公司，应向省级政府主管部门提出正式申请，经批准后，到当地工商行政管理部门申请办理注册登记手续并领取营业执照。

所谓事后报送程序，是指应在设立之后的5个工作日内向当地公安机关、中国银行业监督管理委员会派出机构和中国人民银行分支机构报送相关资料。

60. 小额贷款公司的资金来源主要有哪些？小额贷款公司向银行业金融机构融入资金有哪些限制？

小额贷款公司的主要资金来源为股东缴纳的资本金、捐赠资金，以及来自不超过2个银行业金融机构的融入资金。

小额贷款公司向银行业金融机构获得融入资金，主要有以下限制：

①融入资金的数量限制。小额贷款公司从银行业金融机构获得融入资金的余额，不得超过资本净额的50%。

②融入资金的利率、期限要求。融入资金的利率、期限由小额贷款公司与相应银行业金融机构自主协商确定，利率以同期“上海银行间同业拆放利率”为基准加点确定。

③融入资金的程序。小额贷款公司应向注册地中国人民银行分支机构申领贷款卡。向小额贷款公司提供融资的银行业金融机构，应将融资信息及时报送所在地中国人民银行分支机构和中国银行业监督管理委员会派出机构，并应跟踪监督小额贷款公司融资的使用情况。

61. 小额贷款公司能吸收存款吗?

《指导意见》中明确规定，小额贷款公司是由自然人、企业法人与其他社会组织投资设立，不吸收公众存款，经营小额贷款业务的有限责任公司或股份有限公司。

62. 小额贷款公司的贷款对象主要是谁? 如何执行“小额、分散”的贷款原则?

小额贷款公司在坚持为农民、农业和农村经济发展服务的原则下自主选择贷款对象。

小额贷款公司发放贷款，应坚持“小额、分散”的原则，鼓励小额贷款公司面向农户和微型企业提供信贷服务，着力扩大客户数量和服务覆盖面。为此，《指导意见》中规定，小额贷款公司向同一借款人的贷款余额不得超过小额贷款公司资本净额的5%。在此标准内，可以参考小额贷款公司所在地经济状况和人均GDP水平，制定最高贷款额度限制。

63. 对农村小额贷款额度，有什么指导意见?

《指导意见》中规定，根据当地农村经济发展水平以及借款人生产经营状况、偿债能力、收入水平和信用状况，因地制宜地确定农村小额贷款额度。原则上，对农村小额信用贷款额度，发达地区可提高到10万～30万元，欠发达地区可提高到1万～5万元，其他地区在此范围内视情况而定；联保贷款额度视借款人实际风险状况，可在信用贷款额度基础上适度提高。对个别生产规模大、经营效益佳、信用记录好、资金需求量大的农户和农村小企业，在报经上级管理部门备案后可再适当调高贷款额度。

64. 面向农村的小额贷款对象主要有哪些？贷款的主要用途是什么？

《指导意见》中对贷款的对象及用途作出指导。

①放宽小额贷款对象。进一步拓宽小额贷款投放的广度，在支持家庭传统耕作农户和养殖户的基础上，将服务对象扩大到农村多种经营户、个体工商户以及农村各类微小企业，具体包括种养大户、订单农业户、进城务工经商户、小型加工户、运输户、农产品流通户和其他与“三农”有关的城乡个体经营户。

②拓展小额贷款用途。根据当地农村经济发展情况，拓宽农村小额贷款用途，既要支持传统农业，也要支持现代农业；既要支持单一农业，也要支持有利于提高农民收入的各产业；既要满足农业生产费用融资需求，也要满足农产品生产、加工、运输、流通等各个环节融资需求；既要满足农民简单日常消费需求，也要满足农民购置高档耐用消费品、建房或购房、治病、子女上学等各种合理消费需求；既要满足农民在本土的生产贷款需求，也要满足农民外出务工、自主创业、职业技术培训等创业贷款需求。

65. 小额贷款公司的贷款利率有什么限制？

小额贷款公司按照市场化原则进行经营，贷款利率上限放开，但不得超过司法部门规定的上限（根据最高人民法院有关司法解释的规定，民间借贷不得超过同期银行贷款利率的 4 倍，超过部分无效），下限为人民银行公布的贷款基准利率的 0.9 倍，具体浮动幅度按照市场原则自主确定。

同时,《指导意见》中要求,实行贷款利率定价分级授权制度,法人机构应对分支机构贷款权限和利率浮动范围一并授权。分支机构应在法规和政策允许范围内,根据贷款利率授权,综合考虑借款人信用等级、贷款金额、贷款期限、资金及管理成本、风险水平、资本回报要求以及当地市场利率水平等因素,在浮动区间内进行转授权或自主确定贷款利率。

66. 如何确定小额贷款的期限?

有关贷款期限和贷款偿还条款等合同内容,均由借贷双方在公平自愿的原则下依法协商确定。涉农贷款应当根据当地农业生产的季节特点、贷款项目生产周期和综合还款能力等,灵活确定小额贷款期限。禁止人为缩短贷款期限,坚决打破"春放秋收冬不贷"和不科学的贷款不跨年的传统做法。允许传统农业生产的小额贷款跨年度使用,要充分考虑借款人的实际需要和灾害等带来的客观影响,个别贷款期限可视情况延长。对用于温室种养、林果种植、茶园改造、特种水产(畜)养殖等生产经营周期较长或灾害修复期较长的贷款,期限可延长至 3 年。消费贷款的期限可根据消费种类、借款人综合还款能力、贷款风险等因素由借贷双方协商确定。对确因自然灾害和疫病等不可抗力导致贷款到期无法偿还的,在风险可控的前提下可予以合理展期。

67. 如何对农村小额贷款实行动态授信管理?

根据信用贷款和联保贷款的特点,按照"先评级—后授信—再用信"的程序,建立农村小额贷款授信管理制度以及操作流程。综合考察影响农户和农村小企业还款能力、还款意愿、信用记录等各种因素,及时评定申请人的信用等级,核发贷款证,实行公开授信。

对农村小企业及其关联企业、农业合作经济组织等，以法人机构或授权的分支机构为单位，推行内部统一授信，同时注重信息工作，注意发挥外部评级机构的作用，防范客户交叉违约风险。对小额贷款客户资信状况和信用额度实行按年考核、动态管理，适时调整客户的信用等级和授信额度，彻底纠正授信管理机制僵化、客户信用等级管理滞后的问题。

68. 对小额贷款公司的监督管理主要有哪些？

根据《指导意见》的有关规定，对小额贷款公司的监督管理主要反映在以下几个方面：

①小额贷款公司应建立发起人承诺制度，公司股东应与小额贷款公司签订承诺书，承诺自觉遵守公司章程，参与管理并承担风险。出资设立小额贷款公司的自然人、企业法人和其他社会组织，应无犯罪记录和不良信用记录。

②小额贷款公司应按照《公司法》要求建立健全公司治理结构，明确股东、董事、监事和经理之间的权责关系，制定稳健有效的议事规则、决策程序和内审制度，提高公司治理的有效性。拟任小额贷款公司董事、监事和高级管理人员的自然人，应无犯罪记录和不良信用记录。

③小额贷款公司应建立健全贷款管理制度，明确贷前调查、贷时审查和贷后检查业务流程和操作规范，切实加强贷款管理。

④小额贷款公司应加强内部控制，按照国家有关规定建立健全企业财务会计制度，真实记录和全面反映其业务活动和财务活动。

⑤小额贷款公司应按照有关规定，建立审慎规范的资产分类制度和拨备制度，准确进行资产分类，充分计提呆账准备金，确保资产损失准备充足率始终保持在100%以上，全面覆盖风险。

⑥小额贷款公司应建立信息披露制度，按要求向公司股东、主

管部门、向其提供融资的银行业金融机构、有关捐赠机构披露经中介机构审计的财务报表和年度业务经营情况、融资情况、重大事项等信息，必要时应向社会披露。

⑦小额贷款公司应接受社会监督，不得进行任何形式的非法集资。从事非法集资活动的，按照国务院有关规定，由省级人民政府负责处置。对于跨省份非法集资活动的处置，需要由处置非法集资部际联席会议协调的，可由省级人民政府请求处置非法集资部际联席会议协调处置。其他违反国家法律法规的行为，由当地主管部门依据有关法律法规实施处罚；构成犯罪的，依法追究刑事责任。

⑧中国人民银行对小额贷款公司的利率、资金流向进行跟踪监测，并将小额贷款公司纳入信贷征信系统。小额贷款公司应定期向信贷征信系统提供借款人、贷款金额、贷款担保和贷款偿还等业务信息。

69. 小额贷款公司有关事项的变更，是否适用《农村中小金融机构行政许可事项实施办法》的规定？

《农村中小金融机构行政许可事项实施办法》的第2条规定，本办法所称农村中小金融机构包括：农村商业银行、农村合作银行、村镇银行、贷款公司、农村信用合作社、农村信用合作社联合社、农村信用合作联社、省（自治区、直辖市）农村信用社联合社[以下简称省（区、市）农村信用社联合社]、农村资金互助社等。由此规定可以看出，该办法所列举的农村中小金融机构，并不包括小额贷款公司。原因是该办法的制定先于《指导意见》，因此，在该办法中没有将小额贷款公司列入其中。由于小额贷款公司的设立形式分为有限责任公司和股份有限公司2种，因此，其有关公司事项的变更应当依照《公司法》及《公司法人登记管理条例》等有关法律、法规的规定执行。

70. 小额贷款公司变更登记的事项主要有哪些？应当如何办理？

根据《公司法》及相关法规的规定，结合小额贷款公司的特点，其变更登记的事项主要包括：公司章程修改、名称变更、住所变更、法定代表人变更、注册资本变更、公司类型变更、公司股东变更等。

①公司章程修改变更，应当提交公司法定代表人签署的修改后的公司章程或者章程修正案。

②公司名称变更，应当自变更决议或者决定做出之日起 30 日内申请变更登记。

③公司住所变更，应当在迁入新住所前申请变更登记，并提交新住所使用证明。

④公司法定代表人变更，应当自变更决议或者决定做出之日起 30 日内申请变更等。

⑤公司注册资本和实收资本变更，公司变更注册资本的，应当提交验资证明。

⑥公司类型变更，应当在规定的期限内向公司登记机关申请变更登记，并提交有关文件。公司变更类型前的债权、债务由变更后的公司承担。

⑦公司股东变更，有限责任公司应当自转让股权之日起 30 日内申请变更登记，并应当提交新股东的主体资格证明或者自然人身份证明。

除上述项目外，公司登记事项变更涉及分公司登记事项变更的，应当自公司变更登记之日起 30 日内申请分公司变更登记。

同时，根据《指导意见》的规定，小额贷款公司的设立应向省级政府主管部门提出正式申请，经批准后，到当地工商行政管理部门申请办理注册登记手续并领取营业执照。此外，还应在 5 个工作日内向当地公安机关、中国银行业监督管理委员会派出机构和中国人民银行分支机构报送相关资料。因此，小额贷款公司有关事项发生变更，在向工商行政管理部门提出变更申请之前，还应当依照指导意见的要求，向有关主管部门提出变更申请，事后向公安机关等有关机构报送相关资料。

71. 小额贷款公司发生合并、分立的，应当如何办理？公司原有债务应如何处理？

根据《公司法》及有关法律法规的规定，小额贷款公司发生合并、分立的，应当按照下列程序办理：

①签订合并或者分立协议；

②编制资产负债表及财产清单；

③作出合并决议或者分立决议；

④通知债权人。公司应当自作出合并或者分立决议之日起10日内通知债权人，并于30日内在报纸上公告。债权人自接到通知书之日起30日内，未接到通知书的自公告之日起45日内，可以要求公司清偿债务或者提供相应的担保；

⑤依法进行登记。公司合并、分立的，应当自公告之日起45日后申请登记，提交合并协议和合并分立决议或者决定以及公司在报纸上登载公司合并、分立公告的有关证明和债务清偿或者债务担保情况的说明。

公司合并时，合并各方的债权、债务，应当由合并后存续的公司或者新设的公司承继。公司分立前的债务由分立后的公司承担连带责任。但是，公司在分立前与债权人就债务清偿达成书面协议另有约定的除外。

同样，根据《指导意见》的规定，小额贷款公司的设立应向省级政府主管部门提出正式申请，经批准后，到当地工商行政管理部门申请办理注册登记手续并领取营业执照。此外，还应在5个工作日内向当地公安机关、中国银行业监督管理委员会派出机构和中国人民银行分支机构报送相关资料。因此,小额贷款公司发生合并、分立,在向工商行政管理部门提出变更申请之前,还应当依照指导意见的要求,向有关主管部门提出变更申请,事后向公安机关等有关机构报送相关资料。

72. 小额贷款公司的法人资格在什么情况下终止?

小额贷款公司法人资格的终止包括解散和破产 2 种情况。

小额贷款公司可因下列原因解散:①公司章程规定的解散事由出现;②股东大会决议解散;③因公司合并或者分立需要解散;④依法被吊销营业执照、责令关闭或者被撤销;⑤人民法院依法宣布公司解散。

小额贷款公司的破产,即小额贷款公司达到《企业破产法》规定的破产界限时,可依法申请破产。

73. 小额贷款公司解散,如何进行清算?清算期间,公司法人资格是否存在?公司是否能继续经营活动?

小额贷款公司解散,依照《公司法》进行清算和注销。

根据《公司法》的有关规定,公司应当在解散事由出现之日起 15 日内成立清算组,开始清算。有限责任公司的清算组由股东组成,股份有限公司的清算组由董事或者股东大会确定的人员组成。逾期不成立清算组进行清算的,债权人可以申请人民法院指定有关人员组成清算组进行清算。清算工作的主要程序如下:

①登记债权。清算组应当自成立之日起 10 日内通知债权人,并于 60 日内在报纸上公告。债权人自接到通知书之日起 30 日内,未接到通知书的自公告之日起 45 日内,向清算组申报其债权。

②清理公司财产,制订清算方案。清算组应当对公司财产进行清理,编制资产负债表和财产清单,制订清算方案。清算方案应

当报股东会、股东大会或者人民法院确认。

③清偿债务。公司财产在分别支付清算费用、职工工资、社会保险费用和法定补偿金，缴纳所欠税款，清偿公司债务后的剩余财产，有限责任公司按照股东的出资比例分配，股份有限公司按照股东持有的股份比例分配。清算期间，公司存续，但不得开展与清算无关的经营活动。

④公告公司终止。公司清算结束后，清算组应当制作清算报告，报股东会、股东大会或者人民法院确认，并报送公司登记机关，申请注销公司登记，公告公司终止。

此外，根据《关于小额贷款公司试点的指导意见》的规定，由于小额贷款公司的设立登记须经行政审批程序，因此，其终止也需经此程序。

74. 小额贷款公司终止的，股东是否应当对公司债务承担责任？

《指导意见》中规定，小额贷款公司是企业法人，有独立的法人财产，享有法人财产权，以全部财产对其债务承担民事责任。小额贷款公司股东依法享有资产收益、参与重大决策和选择管理者等权利，以其认缴的出资额或认购的股份为限对公司承担责任。

此外，根据《公司法》第 20 条的规定，公司股东滥用公司法人独立地位和股东有限责任，逃避债务，严重损害公司债权人利益的，应当对公司债务承担连带责任。

第四章 村镇银行

75. 有关村镇银行设立、运行与管理的主要政策、法律依据有哪些?

村镇银行属于新型农村金融机构之一,在第一章中已对相关政策进行了归纳,见表 1-3。

由于村镇银行属于银行业金融机构,因此,其设立及相关经营活动,除了遵守银监会等部门颁布的文件外,还应当遵守《中华人民共和国银行业监督管理法》、《中华人民共和国商业银行法》和《中华人民共和国公司法》等相关法律的规定。

76. 什么是村镇银行? 村镇银行具有哪些特征?

《村镇银行管理暂行规定》(以下简称《暂行规定》)第 2 条规定,村镇银行是指经中国银行业监督管理委员会依据有关法律、法规批准,由境内外金融机构、境内非金融机构企业法人、境内自然人出资,在农村地区设立的主要为当地农民、农业和农村经济发展提供金融服务的银行业金融机构。

由此可见,村镇银行具有以下特征:

①投资者具有多样性。既包括境内的金融机构,也包括境外的金融机构;既包括境内的非金融机构企业法人,也包括境内的自然人。

②设立区域及服务对象的特定性。村镇银行在农村地区设

立，主要为当地农民、农业和农村经济发展提供金融服务。

③设立程序上的特殊性。村镇银行的设立须经银监会审批，工商注册登记。《暂行规定》的第 19 条规定，经核准开业的村镇银行及其分支机构，由决定机关颁发金融许可证，并凭金融许可证向工商行政管理部门办理登记，领取营业执照。

④具有银行业金融机构的属性。将村镇银行定性为银行业金融机构，是其与小额贷款公司、农村资金互助社等非银行业金融机构的突出区别，因此，使得村镇银行在业务范围上较之小额贷款公司、农村资金互助社等机构大为增加，可以说银行业金融机构所从事的业务，村镇银行都可以经营。

⑤是独立的企业法人。村镇银行设立的法律形式为依照《公司法》组建的有限责任公司和股份有限公司。村镇银行是独立的企业法人，享有由股东投资形成的全部法人财产权，依法享有民事权利，并以全部法人财产独立承担民事责任。村镇银行股东依法享有资产收益、参与重大决策和选择管理者等权利，并以其出资额或认购股份为限对村镇银行的债务承担责任。

77. 村镇银行的出资人或者发起人包括哪些？非法人机构以及非企业机构，能否成为出资人或者发起人？

村镇银行的出资人或者发起人在第一章中已经介绍，见表 1-7。从表 1-7 以及下面的图表（表 4-1）中可见，不具备法人资格的非法人机构（如分公司、个人独资企业等），以及非企业机构（如行业协会、基金会等），均不能成为村镇银行的出资人或者发起人。

78. 村镇银行出资人或者发起人应当具备哪些条件？

表 4-1　村镇银行出资人或发起人条件比较

出资人或发起人	应具备的条件
境内金融机构	①商业银行未并表和并表后的资本充足率均不低于8%，且主要审慎监管指标符合监管要求；其他金融机构的主要合规和审慎监管指标符合监管要求；②财务状况良好，最近2个会计年度连续盈利；③入股资金来源真实合法；④公司治理良好，内部控制健全有效；⑤中国银行业监督管理委员会规定的其他审慎性条件。
境外金融机构	①最近1年年末总资产原则上不少于10亿美元；②财务稳健，资信良好，最近2个会计年度连续盈利；③银行业金融机构资本充足率应达到其注册地银行业资本充足率平均水平且不低于8%，非银行金融机构资本总额不低于加权风险资产总额的10%；④入股资金来源真实合法；⑤公司治理良好，内部控制健全有效；⑥注册地国家(地区)金融机构监督管理制度完善；⑦该项投资符合注册地国家(地区)法律、法规的规定以及监管要求；⑧注册地国家(地区)经济状况良好；⑨中国银行业监督管理委员会规定的其他审慎性条件。
境内非金融机构企业法人	①在工商行政管理部门登记注册，具有法人资格；②有良好的社会声誉、诚信记录和纳税记录；③财务状况良好，入股前上一年度盈利；④年终分配后，净资产达到全部资产的10%以上(合并会计报表口径)；⑤入股资金来源合法，不得以借贷资金入股，不得以他人委托资金入股；⑥有较强的经营管理能力和资金实力；⑦中国银行业监督管理委员会规定的其他审慎性条件。拟入股的企业法人属于原企业改制的，原企业经营业绩及经营年限可以延续作为新企业的经营业绩和经营年限计算。
自然人	①有完全民事行为能力；②有良好的社会声誉和诚信记录；③入股资金来源合法，不得以借贷资金入股，不得以他人委托资金入股；④中国银行业监督管理委员会规定的其他审慎性条件。

79. 村镇银行股东对其持有的股份享有哪些权利？承担哪些义务？

村镇银行股东依法享有资产收益、参与重大决策和选择管理者等权利；村镇银行的股份可依法转让、继承和赠与。但发起人或出资人持有的股份自村镇银行成立之日起3年内不得转让或质押。村镇银行董事、行长和副行长持有的股份，在任职期间内不得转让或质押。

村镇银行股东的主要义务为，以其出资额或认购股份为限对村镇银行的债务承担责任。

80. 股东身份的权利凭证是什么？股东虚假出资或抽逃出资的，应当承担什么法律后果？

村镇银行在向工商行政管理部门登记后，向认缴股本的股东签发记名股权证，作为股东所持股份和分红的凭证。

村镇银行股东不得虚假出资或者抽逃出资。根据《公司法》第200条和第201条的规定，公司的发起人、股东虚假出资、未交付或者未按期交付作为出资的货币或者非货币财产的，公司的发起人、股东在公司成立后抽逃出资的，由公司登记机关责令改正，处以虚假出资金额或抽逃出资金额5%以上15%以下的罚款。

股东或者发起人虚假出资、抽逃出资，构成犯罪的依法追究其刑事责任。

81. 村镇银行的审批应当经过哪几个阶段？需要做哪些基本准备？

设立村镇银行应当经过筹建和开业2个阶段，见表4-2。

表 4-2　村镇银行的设立程序

	筹建阶段	开业阶段
主要工作	确定组建地点、履行法律手续、制定筹建方案、预先核准名称、申请筹建等。	验资、筹建工作小组就董事和高级管理人员人选与当地银行业监督管理机构沟通、起草章程草案及各项规章制度、召开创立大会(股东会)、董事会等有关会议审议并通过章程及规章制度、申请开业等。
报送材料	具体要求见问题 83。	具体要求见问题 85。
审批时间	银监分局应在 20 个工作日内将初步审核意见和申请材料上报银监局,银监局自收到完整申请材料之日起 4 个月内作出批准或者不批准的书面决定。	决定机关自收到完整申请材料之日起 2 个月内作出核准或者不予核准的书面决定。

82. 村镇银行申请筹建阶段的主要工作有哪些?

①确定组建地点。主要发起人(银行业金融机构)根据银监局发布的需要设立机构的地域名单选择组建地点,进行考察论证,并与拟设地银监局沟通后,开展筹建准备工作。需要设立机构的地域名单依据省内县域金融服务充分性状况确定,重点解决服务空白和竞争不充分问题。

②履行法律手续。全体发起人(出资人)按照《中华人民共和国公司法》规定,签订发起人(出资人)协议书,确定拟组建村镇银行的组织形式、出资方式和股本结构,明确发起人(出资人)的权利和义务。召开发起人大会(出资人会议),按照法定程序审议通过

同意出资设立村镇银行、成立筹建工作小组并授权筹建工作小组履行组建工作职责的有关决议。

③制定筹建方案。筹建工作小组应对拟设村镇银行进行充分论证和可行性分析，制定筹建工作方案。

④预先核准名称。筹建工作小组应向有名称核准管辖权的工商行政管理部门提交企业名称预先核准申请书。

⑤申请筹建。在各项筹建准备工作完成后，筹建工作小组向银监局提出筹建申请。

83. 村镇银行筹建阶段应当提交的材料有哪些？有什么具体要求？受理及审批的时间有多长？

村镇银行筹建阶段应当提交的材料及具体要求如下：

①筹建申请书。内容应载明拟设立机构名称、住所、机构性质、组织形式，拟注册资本，业务范围，发起人（或出资人）基本情况及出资比例，是否符合设立村镇银行的条件。

②可行性报告。内容包括当地经济金融发展情况，组建的可行性和必要性，市场前景分析、未来业务发展计划（包括拟设机构开业后3年的业务发展目标、财务发展目标、风险管理目标。业务发展目标包括经营机制、目标市场、资金投向、发展战略、网点布局、业务规模及资产组合；财务发展目标包括盈利能力及利润分配预案；风险管理目标包括加强内部控制、风险控制策略及控制目标、不良贷款控制指标、资本充足率达标及资本补充计划、呆账准备提取方案等）、风险处置预案。

③筹建工作方案。内容包括筹建工作的组织，拟设立机构的注册资本、股本结构、公司治理架构、董事及高级管理人员配备数量、部门设置和从业人员配置、主要管理制度起草计划、筹建工作步骤和时间安排等。

④发起人（出资人）协议书。内容包括总则、经营宗旨、机构性

质、名称、住所、业务范围、注册资本、股本结构、发起人(出资人)入股金额和占总股份比例、发起人(出资人)权利和义务、主动声明关联入股的义务(约定:如果存在任何隐瞒,则该发起人(出资人)在本行的投票权受到限制)和附件。全体发起人(出资人)应在协议书上签名盖章(自然人股东可以委托代理人签字)。附件包括:

a. 非金融机构企业法人发起人(出资人)名录,包括发起人(出资人)名称、企业法人代码、住所、成立日期、拟入股金额及占总股份比例、净资产比例、上一年度盈利状况、归还银行贷款情况。

金融机构企业法人发起人(出资人)名录,包括发起人(出资人)名称、企业法人代码、住所、成立日期、拟入股金额及占总股份比例、净资产比例、最近2个会计年度盈利状况。

b. 自然人发起人(出资人)名录,包括发起人(出资人)姓名、身份证号码、住所、拟入股金额以及占总股份比例。

c. 企业法人的有权机构同意向村镇银行出资入股的决议及其企业法人营业执照复印件或其他有效证明文件。

d. 企业法人关于入股资金来源真实合法性、其本身及关联企业向村镇银行入股情况、关联企业向境内其他金融机构投资入股情况(包括所持股份与股份比例)以及企业法人提供上述资料真实性的书面声明。

e. 发起人(出资人)基本情况及最近2年经审计的会计报告。

f. 境内外金融机构作为发起人(出资人),应提供其注册地监督管理机构出具的书面意见。

⑤发起人大会(出资人会议)同意出资设立村镇银行以及成立筹建工作小组并授权其履行组建工作职责的决议。

⑥筹建工作小组成员名单及简历。

⑦由工商行政管理部门出具的《企业名称预先核准通知书》。

⑧申请人的联系人、联系电话、传真电话、电子邮件、通讯地址(邮编)。

⑨银监会按照审慎性原则规定的其他文件。

村镇银行的筹建由银监分局或所在城市银监局受理，银监局审查并决定。银监局自收到完整申请材料或自受理之日起4个月内作出批准或不批准的书面决定。

村镇银行的筹建期最长为自批准之日起6个月。筹建期内达到开业条件的，申请人可提交开业申请。

84. 村镇银行申请开业阶段的主要工作有哪些?

①验资。发起人(出资人)认缴全部出资额后，筹建工作小组聘请中介机构进行验资，出具验资报告。

②筹建工作小组就董事和高级管理人员人选与当地银行业监督管理机构沟通。

③起草章程草案及各项规章制度。筹建工作小组应按照银行业监督管理机构的要求和实际情况起草村镇银行章程草案及财务、信贷、审计、人力资源、安全保卫等各项管理制度。

④召开创立大会(股东会)、董事会等有关会议，审议通过章程草案，选举董事及聘任高级管理人员，审议通过内部管理机构设置、主要管理制度等议案。

⑤申请开业。筹建工作完成后，筹建工作小组提出开业申请。银监分局管辖区内村镇银行的开业申请，由银监分局受理、审查并决定；银监局所在城市辖区内村镇银行的开业申请，由银监局受理、审查并决定。决定机关自收到完整申请材料之日起2个月内作出核准或者不予核准的书面决定。

筹建工作小组在收到核准开业的批复文件后，应在规定时间内到银监分局或银监局领取金融许可证，并凭该金融许可证到工商行政管理部门办理登记，领取营业执照。在金融许可证、营业执照、凭证、印章、牌匾等所有工作准备就绪后依照有关规定开业。未到工商行政管理部门办理登记、领取营业执照的，不得办理各项业务。筹建工作小组应事先将村镇银行的开业日期报告当地银行业监督管理部门。

85. 村镇银行申请开业，申请人应提交哪些材料？具体有什么要求？受理及审批的时间有多长？

①开业申请书。内容包括拟开业机构名称、住所、注册资本、股本结构、业务范围，章程制定，拟任高级管理人员情况，经营方针及计划，主要管理制度，营业场所安全防范设施是否符合开业条件，以及其他需要说明的情况。

②拟任职董事和高级管理人员的任职资格申请书（按董事和高级管理人员分类逐人说明情况）。

③筹建工作报告。内容包括筹建过程、筹建工作落实情况以及是否符合开业要求等。

④章程草案。

⑤法定验资机构出具的验资证明：a. 验资报告，应详细说明股东资格情况。b. 附件：包括注册资本实收情况汇总表，非金融机构企业法人股东资格一览表（列示每个企业法人股东住所、企业法人代码、入股金额和占总股份比例、净资产比例、上一年度盈利状况、归还银行贷款等情况），金融机构企业法人股东资格一览表（列示每个企业法人股东住所、企业法人代码、入股金额和占总股份比例、净资产比例、最近 2 个会计年度盈利状况），自然人股东名册及其出资额，验资事项说明；持有注册资本 5%及以上法人股东近 2 年经审计的资产负债表、损益表和资信证明（包括资金来源、财务状况、资本补充能力和诚信状况）；法定验资机构及注册会计师的资质证明（自然人股东名册、股东入股凭证复印件和持有注册资本 5%以下法人股东近 2 年经审计的资产负债表、损益表由受理机关保存，不报送决定机关，由受理机关在初审意见中反映）。

⑥拟任职董事和高级管理人员任职资格的相关材料：a. 任职

资格申请表(筹建工作小组须加盖印章)。b. 对拟任人的品行、业务能力、管理能力、工作业绩等方面的综合鉴定(拟任人为银行业金融机构退休人员的,由筹建工作小组出具综合鉴定,内容包括拟任人在职期间的履职情况和合规情况)。c. 离任审计报告或经济责任审计报告(离任审计报告要客观、公正地披露被审计人任职期间所在机构的经营管理情况、风险状况及变化趋势,拟任人履职情况、存在的问题及责任认定,审计报告要有明确的审计结论,由审计人和被审计人双方签字)。d. 身份证、专业技术职称和国家认可的学历证明材料复印件。e. 个人承诺书(对是否有大额负债、违法违纪行为及诚信和公正履职等进行承诺)。除董事长、副董事长外,其他董事拟任人不提供综合鉴定和离任审计(经济责任审计)报告。f. 对拟任人的任职资格谈话记录。

⑦监督机构(岗位)的设置情况及人员简历。

⑧有权机构审议通过以下有关事项的决议:a. 筹建工作报告。b. 章程草案。c. 有关组织机构的议事规则。d. 选举董事。e. 选举董事长。f. 聘任行长、副行长等高级管理人员。g. 部门设置、职责及主要管理制度。

各项决议应标明决议编号。创立大会(股东大会)审议通过的决议应表明实到人员所持表决权占全部表决权的比例、通过决议的赞成、反对和弃权表决权数及比例,由监票人、唱票人和计票人以及全体表决人员签字,选举董事(理事)、监事的决议应注明当选人的赞成、反对和弃权的表决权数及比例,董事会决议应由全体董事签名,监事会决议应由全体监事签名。

⑨公司治理和主要管理制度,内容包括有关组织机构的议事规则、财务、信贷、审计、人力资源、安全保卫等制度。

⑩职能部门设置、职责及主要负责人名单。

⑪从业人员基本情况(包括人员的年龄、从事金融工作时间、学历和所学专业、职称等)。

⑫组织结构图。

⑬发展规划。未来3年的业务发展计划、财务发展计划及风险管理计划。业务发展计划包括目标市场、发展战略、网点布局、支农业务、存贷规模、市场份额、金融创新、资产组合。财务发展计划包括盈利能力、收入结构、利润总额、分红计划、利润分配方案。风险管理计划包括对各类风险的预测及评价、风险控制策略、风险控制目标，完善公司治理、提高人员素质的措施和步骤。

⑭营业场所所有权或使用权的证明材料。

⑮公安、消防部门对营业场所出具的安全、消防设施合格证明。

⑯筹建批复或延期筹建批复的复印件。

⑰申请人的联系人、联系电话、传真电话、电子邮件、通讯地址(邮编)。

⑱银监会按照审慎性原则规定的其他文件。

村镇银行达到开业条件的，其开业申请由银监分局或所在城市银监局受理、审查并决定。银监分局或所在城市银监局自受理之日起2个月内作出核准或不予核准的决定。

经核准开业的村镇银行及其分支机构，由决定机关颁发金融许可证，并凭金融许可证向工商行政管理部门办理登记，领取营业执照。

86. 组建村镇银行，申请材料的报送程序及格式有什么要求?

①组建村镇银行申请人为筹建工作小组。筹建申请书主送机关为银监局；开业申请书主送机关为银监分局(银监局所在城市辖区内村镇银行的开业申请书主送机关为银监局)。

②申请材料采用活页装订的方式。纸张幅面为标准A4纸张规格(需提供原件的历史文件除外)。申请材料的封面和侧面应标

有“关于申请筹建××村镇银行的材料”或“关于××村镇银行开业申请的材料”字样，申请材料须用中文简体仿宋 GB 2312 小三号字体书写。如需提供原件的历史文件是以英文书写的，应附中文译本，且以中文译本为准。申请文件一般采用双面打印。

③申请材料一式 2 份，受理机关 1 份，决定机关 1 份（受理机关与决定机关为同一单位的只需报送 1 份）。

87. 银监机构对筹建村镇银行申请材料的重点审核内容有哪些？

银监局和银监分局要切实加强对村镇银行组建工作的政策指导，严格按照村镇银行设立标准和程序，受理筹建及开业申请材料。筹建申请材料进行重点审核的内容如下：①申报材料齐全，格式符合要求；②组建对象符合规定条件，可行性报告论证充分；③履行的法律手续合法有效，决议内容齐全；④发起人（出资人）符合规定的条件；⑤对筹建工作小组的委托授权合法有效；⑥筹建工作方案中关于股本结构、公司治理、内部控制制度等内容符合监管要求，组建方案切实可行；⑦业务发展规划周密翔实，有明确的服务目标和手段，金融服务能够覆盖适当地域和人群。

88. 银监机构对村镇银行开业申请材料的重点审核内容有哪些？

银监局和银监分局要切实加强对村镇银行组建工作的政策指导，严格按照村镇银行设立标准和程序，受理筹建及开业申请材料。开业申请材料进行重点审核的内容如下：①申请材料齐全，格式符合要求；②有关会议审议通过各项决议程序完备、内容合法合规；③章程草案合法合规，内容完备可行；④拟任职董事和高级管理人员符合任职资格条件；⑤股东符合规定的条件，股本结构符合监管规定;⑥验资报告符合法律规定,约定的审计内容完备,验资机构资质合法;⑦公司治理合理,组织架构清晰,内控制度健全,高管人员配备合理;⑧有相应的从业人员(分支机构负责人通过从业资格考试);⑨营业场所所有权或使用权的证明以及安全、消防设施合格证明材料齐备。

89. 村镇银行可以设立分支机构吗?其设置程序有什么要求?

村镇银行可根据农村金融服务和业务发展需要,在县域范围内设立分支机构。设立分支机构不受拨付营运资金额度及比例的限制。

村镇银行设立分支机构也需经过筹建和开业2个阶段。

村镇银行分支机构的筹建方案,应事前报监管办事处备案。未设监管办事处的,向银监分局或所在城市银监局备案。村镇银行在分支机构筹建方案备案后即可开展筹建工作。

村镇银行分支机构开业申请,由银监分局或所在城市银监局受理、审查并决定,银监分局或所在城市银监局自受理之日起2个月内作出核准或不予核准的决定。

村镇银行分支机构的负责人应通过所在地银监局组织的从业资格考试,并在任职前报银监分局或所在城市银监局备案。

经核准开业的村镇银行分支机构,由决定机关颁发金融许可证,并凭金融许可证向工商行政管理部门办理登记,领取营业执照。

90. 村镇银行在注册辖区内设立支行,申请人应当符合什么条件?

根据中国银监会《农村中小金融机构行政许可事项实施办法》

的要求，村镇银行在注册地辖区内设立支行，申请人应当符合以下条件：①公司治理良好，内部控制制度健全有效，最近1年未发生重大违法违规行为；②监管评级在3级以上；③具有拨付营运资金的能力，村镇银行应拨付与支行经营规模相适应的营运资金；④资产质量良好，不良贷款比例低于5%；⑤资本充足率不低于8%，核心资本充足率不低于4%；⑥有符合任职资格条件的高级管理人员和熟悉银行业务的合格从业人员；⑦有符合要求的营业场所、安全防范措施和与业务有关的其他设施；⑧银监会规定的其他审慎性条件。

91. 村镇银行设立分理处，应当符合什么条件？

根据中国银监会《农村中小金融机构行政许可事项实施办法》的要求，村镇银行设立分理处，应当符合以下条件：①公司治理良好，内部控制制度健全有效，最近1年未发生重大违法违规行为；②具有拨付营运资金的能力，且拨付与分理处经营规模相适应的营运资金；③资本充足率不低于8%；④有熟悉业务的从业人员；⑤有符合要求的营业场所、安全防范措施和与业务有关的其他设施；⑥银监会规定的其他审慎性条件。

92. 村镇银行设立分理处，须经过哪些程序？需要多长时间？

村镇银行分理处设立须经筹建和开业2个阶段。筹建方案由法人机构事后报告开业决定机关。

开业申请由法人机构提交，由银监分局或所在城市银监局受理、审查并决定。银监分局或银监局自受理之日起2个月内作出核准或者不予核准的书面决定。

申请人应在收到开业核准文件并领取金融许可证后，到工商行政管理部门办理登记，领取营业执照。分理处必须在取得公安、消防部门对安全、消防设施验收合格证明并报开业决定机关备案后方可开业。

分理处自领取营业执照之日起6个月内应当开业。未能按期开业的，申请人应当在开业期限届满前1个月内向决定机关提交开业延期申请。决定机关在收到书面申请之日起20日内作出是否批准延期的决定。开业延期的最长期限为3个月。

分理处未在前款规定时限内开业的，原开业核准文件失效，由决定机关办理开业许可注销手续，收回其金融许可证，并予以公告。

93. 小额贷款公司改制村镇银行须具备哪些准入条件？

首先，拟改制小额贷款公司须符合《指导意见》的审慎经营要求。其次，小额贷款公司改制设立村镇银行，除满足《村镇银行管理暂行规定》第二章机构的设立、第三章股权设置和股东资格、第四章公司治理规定外，还须满足下列条件：①召开股东（大）会；②公司治理机制完善、内部控制健全、经营状况良好、信誉较高，且坚持支农服务方向；③已确定符合条件的银行业金融机构拟作为主发起人；④省级政府主管部门推荐其改制设立村镇银行，同时对其公司治理、内部控制、经营情况等方面进行评价；⑤未设村镇银行的县（市）及县（市）以下地区的小额贷款公司原则上优先改制；⑥银监会规定的其他审慎性条件。

94. 小额贷款公司改制村镇银行过程中，其股东（大）会应如何作出决议？

召开股东（大）会，代表2/3以上表决权的股东同意小额贷款公司改制设立村镇银行，并对小额贷款公司的债权债务处置、改制工作作出决议。债权债务处置应符合有关法律法规规定。

95. 小额贷款公司改制村镇银行时，对其公司治理机制完善、内部控制健全、经营状况良好、信誉较高，且坚持支农服务方向的具体要求有哪些？

公司治理机制完善、内部控制健全、经营状况良好、信誉较高，且坚持支农服务方向的具体要求主要表现在以下几个方面：①各治理主体职责明确，议事规则和决策程序清晰，治理目标科学，考核激励机制有效，信息披露透明。②具有完备有效的内部控制制度，能覆盖各业务流程和各操作环节，且执行到位。③有良好社会声誉、诚信记录和纳税记录，无重大违法违规行为。④按《关于小额贷款公司试点的指导意见》新设后持续营业 3 年及以上；清产核资后，无亏损挂账，且最近 2 个会计年度连续盈利；资产风险分类准确，且不良贷款率低于 2%；已足额计提呆账准备，其中贷款损失准备充足率 130% 以上；净资产大于实收资本。⑤资产应以贷款为主，最近 4 个季度末贷款余额占总资产余额的比例原则上均不低于 75%，且贷款全部投放所在县域。⑥最近 4 个季度末涉农贷款余额占全部贷款余额的比例均不低于 60%。⑦单一客户贷款余额不得超过资本净额的 5%，单一集团客户贷款余额不得超过资本净额的 10%。⑧抵债资产余额不得超过总资产的 10%。

96. 小额贷款公司改制设立村镇银行应当成立筹建工作小组，筹建小组的组成及主要工作有哪些？

筹建工作小组由主发起人、小额贷款公司等有关单位组成，设立村镇银行的发起人应当委托筹建工作小组为申请人负责相关改制工作。筹建小组的主要工作有：①筹建工作小组须严格按照银行业监督管理机构要求，做好改制设立村镇银行筹建前期的各项准备工作，并按照《村镇银行管理暂行规定》、《村镇银行组建审批工作指引》等有关要求落实筹建、开业阶段的相关工作；②筹建工作小组须聘请具备资质的中介机构对拟改制小额贷款公司进行清产核资，同时对其管理状况进行专项审计。清产核资基准日原则上选定在清产核资工作开始时的上季末。筹建工作小组应对清产核资结果和审计结果进行复查；③清产核资工作结束后，筹建工作小组、小额贷款公司和中介机构应对净资产结果进行确认，签订净资产确认书，并根据小额贷款公司股东（大）会通过的净资产处置方案对净资产进行处置；④拟改制设立村镇银行的发起人，其资质、持股比例等必须符合《村镇银行管理暂行规定》。对不愿意作为发起人、不符合村镇银行发起人资格或持股要求的，申请人应在申报开业前完成相关股权转让或清退等工作；⑤有关工作完成后，筹建工作小组应按照《中国银行业监督管理委员会农村中小金融机构行政许可事项实施办法》、《村镇银行管理暂行规定》、《村镇银行组建审批工作指引》等要求，向银行业监督管理机构提交改制设立村镇银行的筹建和开业等行政许可申请材料。清产核资基准日与申请筹建日期不得超过3个月；⑥筹建工作小组在收到核准开业的批复文件后，要及时按法定程序解散小额贷款公司并注销营业执照，凭银行业监督管理机构颁发的金融许可证办理工商登记。

97. 小额贷款公司改制村镇银行，申请人应当提交哪些材料？

申请人申请筹建，除提交《村镇银行组建审批工作指引》规定材料外，还应提交以下材料：①股东（大）会同意改制的决议书及中介机构出具的法律意见书；②清产核资报告、管理状况专项审计报告；③上一经营年度审计报告；④净资产确认书及分配报告；⑤银行业金融机构拟作为主发起人的书面声明；⑥省级政府主管部门出具的有关意见；⑦小额贷款公司设立批复文件及营业执照；

⑧银行业监督管理机构规定的其他材料。

开业申请材料同《村镇银行组建审批工作指引》规定材料（见问题 85）。

98. 村镇银行的资金来源主要有哪些？资金的主要用途有哪些？可以经营哪些业务？

村镇银行的资金来源及其经营的业务，在第一章中已经说明，见表 1-8、表 1-9。

村镇银行资金的主要用途如下：①村镇银行的资金首先应当按照规定缴足存款准备金；②在缴足存款准备金后，其可用资金应全部用于当地农村经济建设。村镇银行发放贷款应首先充分满足县域内农户、农业和农村经济发展的需要；③确已满足当地农村资金需求的，其富余资金可投放当地其他产业、购买涉农债券或向其他金融机构融资。

99. 村镇银行的经营原则是什么？能否向关系人发放贷款？能否发放异地贷款？

村镇银行以安全性、流动性、效益性为经营原则，自主经营，自担风险，自负盈亏，自我约束。村镇银行依法开展业务，不受任何单位和个人的干涉。

村镇银行不得向关系人发放信用贷款；向关系人发放担保贷款的条件不得优于其他借款人同类贷款的条件。

村镇银行不得发放异地贷款。

100. 村镇银行能否开办外汇业务？申请开办外汇业务和增加外汇业务品种应当具备哪些条件？

村镇银行可以开办外汇业务，但是结售汇业务除外。

根据《农村中小金融机构行政许可事项实施办法》的规定，村镇银行申请开办外汇业务（结售汇业务除外）和增加外汇业务品种，应当符合以下条件：①依法合规经营，内控制度健全有效，经营状况良好；②资本充足率不低于8%，核心资本充足率不低于4%；③有与申报外汇业务相应的外汇营运资金和合格的外汇业务从业人员；④有符合开展外汇业务要求的营业场所和相关设施；⑤最近1年未发生重大违法违规行为；⑥银监会规定的其他审慎性条件。

申请开办外汇业务和增加外汇业务品种，由银监分局或所在城市银监局受理，银监局审查并决定。

101. 村镇银行能否募集次级定期债务和发行次级债券？申请募集次级定期债务和发行次级债券应当具备哪些条件？

村镇银行能募集次级定期债务和发行次级债券，但应当符合规定的条件。

根据《农村中小金融机构行政许可事项实施办法》的规定，申请募集次级定期债务和以私募方式发行次级债券，应具备下列条件：①贷款分类结果真实准确；②核心资本充足率不低于4%；③贷款损失准备计提充足；④有良好的公司治理结构；⑤最近1年未发生重大违法违规行为；⑥银监会规定的其他审慎性条件。

公开发行次级债券应符合上一问题中第一、第三、第四、第五项条件，且核心资本充足率不低于5%。

申请募集次级定期债务和申请发行次级债券，由银监局受理并初步审查，银监会审查并决定。

102. 村镇银行能否开办衍生产品交易业务？申请开办衍生产品交易业务应当具备哪些条件？

村镇银行可以开办衍生产品交易业务，但应当符合规定的开办条件。

村镇银行申请开办衍生产品交易业务，应符合以下条件：①经营状况良好，主要风险监管指标符合要求；②有健全的衍生产品交易风险管理制度和内部控制制度；③具备完善的衍生产品交易前、中、后台自动连接的业务处理系统和实时的风险管理系统；④衍生产品交易业务主管人员应当具备5年以上直接参与衍生交易活动和风险管理的资历，且无不良记录；⑤具有从事衍生产品或相关交易2年以上、接受相关衍生产品交易技能专门培训半年以上的交易人员至少2名，相关风险管理人员至少1名，风险模型研究人员或风险分析人员至少1名，以上人员均需专岗人员，相互不得兼任，且无不良记录；⑥有符合要求的交易场所和设备；⑦银监会规定的其他审慎性条件。

申请开办衍生金融产品交易业务，由银监局受理并初步审查，银监会审查并决定。

103. 什么是离岸银行业务？村镇银行能否开办离岸银行业务？并办离岸银行业务应当具备什么条件？

离岸银行业务是指银行吸收非居民的资金，服务于非居民的金融活动。在我国，“非居民”是指在中华人民共和国境外（含港、澳、台地区）的自然人、法人（含在境外注册的中国境外投资企业）、政府机构、国际组织及其他经济组织，包括中资金融机构的海外分支机构，但不包括境内机构的境外代表机构和办事机构。

根据《农村中小金融机构行政许可事项实施办法》的规定，允许包括村镇银行在内的农村中小金融机构开办离岸银行业务，但同时设置了较高的门槛。

申请开办离岸银行业务应当符合以下条件：①最近1年无重大违法违规行为；②达到规定的外汇资产规模，且外汇业务经营业绩良好；③外汇从业人员符合开展离岸银行业务要求，且在以往经营活动中无不良记录，其中主管人员应从事外汇业务5年以上，其他从业人员中至少50%应从事外汇业务3年以上；④风险管理和内控制度健全有效；⑤有符合开展离岸业务的场所和设施；⑥银监会规定的其他审慎性条件。

申请开办离岸银行业务，由银监局受理并初步审查，银监会审查并决定。

104. 村镇银行开办股票质押贷款业务，应当具备什么条件？

申请开办股票质押贷款业务应当符合以下条件：①经营状况良好，主要风险监管指标符合要求；②风险管理和内部控制制度健全有效，制定和实施了统一授信制度；③制定了与该项业务有关的风险控制措施和业务操作流程；④有专职部门和人员负责经营和管理股票质押贷款业务；⑤有专门的业务管理信息系统，能同步了解股票市场行情以及上市公司重要信息；⑥银监会规定的其他审慎性条件。

开办股票质押贷款业务的申请，由银监分局或所在城市银监局受理，银监局审查并决定。

105. 村镇银行的风险防范及内部监管措施主要体现在哪些方面？

《村镇银行管理暂行规定》的第42条至第46条，对村镇银行的风险防范及实施内部监管的问题作出相应规定，主要体现在以下几个方面：

①确保资本充足率，资产损失准备充足率符合规定。暂行规定要求，村镇银行应按照国家有关规定，建立审慎、规范的资产分类制度和资本补充、约束机制，准确划分资产质量，充分计提呆账准备，及时冲销坏账，真实反映经营成果，确保资本充足率在任何时点不低于8%，资产损失准备充足率不低于100%。

②建立健全内部控制制度和内部审计机制。村镇银行应建立健全内部控制制度和内部审计机制，提高风险识别和防范能力，对内部控制执行情况进行检查、评价，并对内部控制的薄弱环节进行纠正和完善，确保依法合规经营。

③建立健全财务、会计制度。村镇银行执行国家统一的金融企业财务会计制度以及银行业监督管理机构的有关规定，建立健全财务、会计制度。

村镇银行应真实记录并全面反映其业务活动和财务状况，编制财务会计报告，并提交其权力机构审议。有条件的村镇银行，可引入外部审计制度。

④按规定报送会计报告、统计报表及其他资料。村镇银行应按规定向银监分局或所在城市银监局报送会计报告、统计报表及其他资料，并对报告、资料的真实性、准确性、完整性负责。

⑤建立信息披露制度。村镇银行应建立信息披露制度，及时披露年度经营情况、重大事项等信息。

106. 对村镇银行的资本充足率有什么要求？村镇银行资产充足率不符合规定的，银行业监督管理机构可以采取哪些监管措施？

村镇银行的资本充足率在任何时点不低于8%，资产损失准备充足率不低于100%，对此明确规定了银行业监管机构采取的监管措施，见表4-3。

表4-3　村镇银行资本充足率与监管措施

资本充足率	监管措施
大于8%、不良资产率低于5%的	适当减少现场检查的频率和范围，支持其稳健发展。
高于4%但低于8%的	要督促其制订切实可行的资本补充计划，限期提高资本充足率，并加大非现场监管及现场检查力度，适时采取限制其资产增长速度、固定资产购置、分配红利和其他收入、增设分支机构、开办新业务等措施。
降至4%、不良资产率高于15%的	可适时采取责令调整董事或高级管理人员、停办部分或所有业务、限期重组等措施进行纠正。
资本充足率降至2%及2%以下的	应适时接管、撤销或破产。

107. 银行业监督管理机构对村镇银行的业务监管涉及哪些方面？采取哪些措施？

村镇银行开展业务，依法接受银行业监督管理机构监督管理。《暂行规定》自第48条至第52条，主要针对村镇银行的业务监管问题作出规定。主要涉及如下：

①依法审批村镇银行的业务范围和新增业务种类。银行业监督管理机构根据村镇银行业务发展和当地客户的金融服务需求，结合非现场监管及现场检查结果，依法审批村镇银行的业务范围和新增业务种类。

②对村镇银行风险管理、内部控制等方面实施持续、动态监管。银行业监督管理机构依据国家有关法律、行政法规，制定村镇

银行的审慎经营规则,并对村镇银行风险管理、内部控制、资本充足率、资产质量、资产损失准备充足率、风险集中、关联交易等方面实施持续、动态监管。

银行业监督管理机构根据村镇银行的资本充足状况和资产质量状况,适时采取监管措施,具体监管措施见 106 问。

③制定对村镇银行的评级办法,实施差别监管。银行业监督管理机构按照《商业银行监管内部评级指引》的有关规定,制定对村镇银行的评级办法,并根据监管评级结果,实施差别监管。

④建立支农服务质量的考核体系和考核办法,定期进行考核评价。银行业监督管理机构应建立对村镇银行支农服务质量的考核体系和考核办法,定期对村镇银行发放支农贷款情况进行考核评价,并可将考核评价结果作为对村镇银行综合评价、行政许可以及高级管理人员履职评价的重要内容。

108. 村镇银行哪些事项发生变更,需经银监分局或所在城市银监局批准?更换董事、高级管理人员时,也需经银监分局或所在城市银监局批准吗?

《暂行规定》第 56 条规定,村镇银行有下列变更事项之一的,需经银监分局或所在城市银监局批准:①变更名称;②变更注册资本;③变更住所;④调整业务范围;⑤变更持有资本总额或者股份总额 5%以上的股东;⑥修改章程;⑦变更组织形式;⑧中国银行业监督管理委员会规定的其他变更事项。

更换董事、高级管理人员时,无需经银监分局或所在城市银监局批准,但应报经银行业监督管理机构核准其任职资格。

109. 村镇银行法人机构变更包括哪些？应履行哪些变更程序？

根据《农村中小金融机构行政许可事项实施办法》的规定，法人机构变更包括：变更名称，变更住所，变更组织形式，变更股权，变更注册资本，修改章程，分立，合并，收购和临时停业等（参见70问）。

以上变更事项，由下级监管机关受理、报上级监管机关决定的，自上级监管机关收到完整申请材料之日起3个月内作出批准或不批准的书面决定；由同一监管机关受理、审查并决定的，自受理之日起3个月内作出批准或不批准的书面决定。

110. 村镇银行因房屋维修等原因临时变更住所的，是否需要办理变更登记？

法人机构因房屋维修等原因临时变更住所6个月以内，法人机构应在原住所、临时住所公告，并提前10日向当地银行业监管机构报告，临时住所应符合公安、消防部门的相关要求。回迁原住所，法人机构应提前10日将公安、消防部门对回迁住所出具的安全、消防合格证明等材料报告当地银行业监管机构，并予以公告。

111. 村镇银行的股权发生变更，应当如何办理？

股权变更，其拟受让人首先应符合相关文件规定的村镇银行发起人（出资人）资格条件（表4-1）。其次，根据其持有股份比例的多少分别按下列程序审查：

村镇银行变更持有资本总额或股份总额5%以上、10%以下的股东，由银监分局或所在城市银监局受理、审查并决定。

村镇银行变更持有资本总额或股份总额10%以上、25%以下的股东，由银监分局或所在城市银监局受理，银监局审查并决定；变更25%以上的股东(社员)，由银监局受理，银监会审查并决定。

向境外金融机构转让股权应符合《农村中小金融机构行政许可事项实施办法》第15条规定的发起人入股条件(表4-1)。向境外金融机构转让股权由银监局受理并初步审查，银监会审查并决定。

112. 村镇银行变更注册资本，应注意哪些问题？

村镇银行变更注册资本，应区别情况，注意以下问题：

①法人机构变更注册资本，其股东(社员)资格应符合本办法对同类机构规定的发起人(出资人)的条件。由银监分局或所在城市银监局受理、审查并决定。决定机关为银监分局的，事后报告银监局。法人机构通过配股或定向募股方式变更注册资本的，在变更注册资本前还应经过配股或募集新股方案审批。方案的受理、审查和决定程序同前面规定。

②在境内公开募集股份和上市交易股份的，应当符合有关法律法规及中国证监会有关的规定条件。向中国证监会申请之前，应当向银监会申请并获得批准。由银监局受理并初步审查，银监会审查并决定。

113. 什么情况属于村镇银行法人机构连续停业？如何恢复营业？

法人机构本部连续停止营业时间3天以上6个月以内为临时停业。法人机构本部的临时停业由法人机构作为申请人。

法人机构本部临时停业，由银监分局或所在城市银监局受理、审查并决定。银监分局或银监局自受理之日起10日内作出批准或者不批准的书面决定。

经批准的临时停业期限届满或导致临时停业的原因消除的，临时停业机构应当复业，原申请人应在复业后5日内向决定机关报告。遇特殊情况需延长临时停业期限的，应按前款程序重新申请。

114. 村镇银行法人机构在什么情况下发生终止？如何办理？

村镇银行法人机构的终止主要包括解散和破产2种原因。解散和破产的情形具体如下：

法人机构有下列情形之一的，应当申请解散：①章程规定的营业期限届满或者章程规定其他的解散事由出现时；②权力机构决议解散的；③因分立、合并需要解散的。村镇银行解散，由银监分局或所在城市银监局受理，银监局审查并决定。银监局自收到完整申请材料或直接受理之日起3个月内作出批准或者不批准的书面决定。法人机构因分立、合并出现解散情形的，与分立、合并一并进行审批。

法人机构有下列情形之一的，在向法院申请破产前，应当向银监会申请并获得批准：①不能支付到期债务，自愿或应其债权人要求申请破产的；②因解散而清算，清算组发现机构财产不足以清偿债务，应当申请破产的。农村中小金融机构申请破产的，由银监局受理并初步审查，银监会审查并决定。银监会自收到完整申请材料之日起3个月内作出批准或者不批准的书面决定。

第五章　担保公司

115. 担保公司设立、运营与管理的主要政策、法律依据有哪些?

担保公司设立、运营与管理的主要政策,在第一章中已经介绍,见表 1-3、表 1-4。

为了更好地贯彻落实《融资性担保公司管理暂行办法》(银监会等七部门[2013]3 号),银监会又相继印发了 8 个配套文件。见表 5-1。

表 5-1　《融资性担保公司管理暂行办法》的配套文件

文　号	文件名称
银监发[2010]6 号	《融资性担保公司董事、监事、高级管理人员任职资格管理暂行办法》
银监发[2010]75 号	《融资性担保机构重大风险事件报告制度》
银监发[2010]76 号	《××省(自治区、直辖市)融资性担保行业××××年度发展与监管情况报告》和《××机构概览》编写说明
银监发[2010]77 号	《融资性担保机构经营许可证管理指引》
银监发[2010]80 号	《融资性担保行业统计报表制度》
银监发[2010]99 号	《融资性担保公司治理指引》
银监发[2010]100 号	《融资性担保公司信息披露指引》
银监发[2010]101 号	《融资性担保公司内部控制指引》

此外，2014 年 1 月银监会、发改委、工信部、财政部、商务部、人民银行、工商总局、法制办又联合发布《关于清理规范非融资性担保公司的通知》(银监发[2013]48 号)。自 2013 年 12 月至 2014 年 8 月底，各地区要对本行政区域内的非融资性担保公司进行一次集中清理规范。

此外，为加强对担保公司的监督管理，规范担保行为，还必须遵守《中华人民共和国公司法》、《中华人民共和国担保法》、《中华人民共和国物权法》和《中华人民共和国合同法》等法律规定。

116. 什么是融资性担保？什么是融资性担保公司？融资性担保机构与非融资性担保机构的主要区别是什么？

根据银监会等七部委联合制定的《融资性担保公司管理暂行办法》(以下简称《暂行办法》)第 2 条的规定，融资性担保是指担保人与银行业金融机构等债权人约定，当被担保人不履行对债权人负有的融资性债务时，由担保人依法承担合同约定的担保责任的行为。融资性担保公司是指依法设立，经营融资性担保业务的有限责任公司和股份有限公司。

根据国务院办公厅《关于进一步明确融资性担保业务监管职责的通知》(国办发[2009]7 号)和《暂行办法》的有关规定，融资性担保机构与非融资性担保机构最主要的不同有 3 个方面：

①融资性担保机构是特许机构，需要通过地方监管部门前置性审批许可并获得《融资性担保机构经营许可证》后，才能在工商等相关部门注册登记成立；而非融资性担保机构尚未实行准入管理，其注册登记没有前置性的行政审批要求，也不持有经营许可证，只要符合《公司法》等相关规定，直接进行工商注册登记或其他注册登记即可成立。根据《暂行办法》有关规定，擅自在名称中使用“融资性担保”字样的，由监管部门责令改正，依法予以处罚。通俗地讲，融资性担保机构是持牌机构，非融资性担保机构是非持牌

机构。

②融资性担保业务为特许经营业务。根据《暂行办法》有关规定，经过监管部门批准，融资性担保机构可以兼营非融资性担保业务，如诉讼保全担保、财产保全担保、工程履约担保、工程支付担保、投标担保、预付款担保等，但是非融资性担保机构不得经营融资性担保业务，未经批准擅自经营融资性担保业务的，由有关部门依法予以取缔并处罚。这里所谓的经营，就是以融资性担保为业的意思。

③融资性担保机构为纳入监管机构监管的特许机构，除在机构准入方面需要审批外，其高管人员任职资格、业务都需准入审批，而且对其经营活动实施审慎监管。非融资性担保机构都没有这些要求。

117. 地方财政部门积极参与地方融资性担保体系建设的主要目标和任务是什么？

根据财政部《关于地方财政部门积极做好融资性担保业务》(财金[2010]23 号)文件的要求，地方各级财政部门的主要目标是，贯彻落实《国务院办公厅关于进一步明确融资性担保业务监管职责的通知》(国办发[2009]7 号)、《暂行办法》等文件精神，推动建立功能完善、服务全面、运作规范、监管有效的融资性担保服务体系。

地方各级财政部门承担的主要任务是，参与地方融资性担保体系建设；加强融资性担保公司财务监督，提高财务管理规范性，防范和化解地方金融风险；完善融资性担保行业监管制度体系；加强对政府出资融资性担保公司的管理，确保国有资产高效运作等。

118. 融资性担保公司的最低注册资本应达到多少？对其出资方式有什么要求？

《暂行办法》中规定，监管部门根据当地实际情况规定融资性担保公司注册资本的最低限额，但不得低于人民币500万元。注册资本为实缴货币资本。由于该办法是在综合全国各地区情况的基础上，提出的一个注册资本的最低标准，同时授权各地根据当地实际情况规定相适应的注册资本标准。例如，浙江省温州市出台的《关于融资性担保公司规范发展的实施意见》，对融资性担保公司的准入条件规定为，在省内设立的融资性担保公司注册资本不得低于2 000万元（含）人民币。其中：在省内设立分支机构（分公司）的，注册资本不得低于1亿元人民币；跨省（自治区、直辖市）设立分支机构（分公司）的，不得低于3亿元人民币。注册资本为实缴货币资本，由出资人或发起人一次性足额缴纳到位。此外，拟设立分支机构（分公司）的融资性担保公司还必须符合以下条件：担保业务持续经营2年以上且连续盈利，上年末担保责任余额不低于净资产的3倍；无违法违规经营记录。

119. 设立融资性担保公司，应当向监管部门提交哪些文件？按照什么程序设立？

设立融资性担保公司，应向监管部门提交下列文件、资料：①申请书，应当载明拟设立的融资性担保公司的名称、住所、注册资本和业务范围等事项；②可行性研究报告；③章程草案；④股东名册及其出资额、股权结构；⑤股东出资的验资证明以及持有注册资本5%以上股东的资信证明和有关资料；⑥拟任董事、监事、高级管理人员的资格证明；⑦经营发展战略和规划；⑧营业场所证明材料；⑨监管部门要求提交的其他文件、资料。

设立融资性担保公司，应经过监管部门审批和工商登记 2 个程序。具体来说，设立融资性担保公司及其分支机构，应当经监管部门审查批准。经批准设立的融资性担保公司及其分支机构，由监管部门颁发经营许可证，并凭该许可证向工商行政管理部门申请注册登记。

所称监管部门是指省、自治区、直辖市人民政府确定的负责监督管理本辖区融资性担保公司的部门。融资性担保公司由省、自治区、直辖市人民政府实施属地管理。省、自治区、直辖市人民政府确定的监管部门具体负责本辖区融资性担保公司的准入、退出、日常监管和风险处置，并向国务院建立的融资性担保业务监管部际联席会议报告工作。具体监管部门是谁，要结合当地的有关文件予以确定。例如温州市出台的相关文件中规定，注册资本在人民币 5 000 万元（含）以下的融资性担保公司设立，由市经信委审批。注册资本在人民币 5 000 万元以上的，由市经信委报省中小企业局和省金融办审批。融资性担保公司在温州市内设立分支机构（分公司）的，需总公司所在地县级经贸（经信）部门出具书面意见，经分公司所在地县级经贸（经信）部门初审后，上报市经信委审核，报省中小企业局审批。省内其他地区登记注册的融资性担保公司拟在本市设立分支机构（分公司）的，须提交当地市级监管部门出具的批复意见。

120. 融资性担保公司能否设立分支机构？如何设立？

融资性担保公司可以设立分支机构。

融资性担保公司跨省、自治区、直辖市设立分支机构的，应当征得该融资性担保公司所在地监管部门同意，并经拟设立分支机构所在地监管部门审查批准。

121. 融资性担保公司的主要业务范围有哪些？有什么限制规定？禁止其经营的活动有哪些？

根据《暂行办法》的规定，将融资性担保公司的业务范围，以及禁止从事的活动归纳如下（表 5-2）。

表 5-2　融资性担保公司业务范围及禁止从事的活动

主要经营业务	融资性担保公司经监管部门批准，可以经营下列部分或全部融资性担保业务：①贷款担保；②票据承兑担保；③贸易融资担保；④项目融资担保；⑤信用证担保；⑥其他融资性担保业务。
兼营经营业务	融资性担保公司经监管部门批准，可以兼营下列部分或全部业务：①诉讼保全担保；②投标担保、预付款担保、工程履约担保、尾付款如约偿付担保等履约担保业务；③与担保业务有关的融资咨询、财务顾问等中介服务；④以自有资金进行投资；⑤监管部门规定的其他业务。
有条件开展的业务	融资性担保公司可以为其他融资性担保公司的担保责任提供再担保和办理债券发行担保业务，但应当同时符合以下条件：①近2年无违法、违规不良记录；②监管部门规定的其他审慎性条件。 从事再担保业务的融资性担保公司除需满足前款规定的条件外，注册资本应当不低于人民币 1 亿元，并连续营业 2 年以上。
担保业务限制	①对单个被担保人提供的融资性担保责任余额不得超过净资产的 10%；②对单个被担保人及其关联方提供的融资性担保责任余额不得超过净资产的 15%；③对单个被担保人债券发行提供的担保责任余额不得超过净资产的 30%；④融资性担保责任余额不得超过其净资产的 10 倍。

续表 5-2

禁止从事的活动	①吸收存款;②发放贷款;③受托发放贷款;④受托投资;⑤监管部门规定不得从事的其他活动。 融资性担保公司从事非法集资活动的,由有关部门依法予以查处。

122. 融资性担保公司能否对外投资？对其投资行为有哪些限制？能否为其母公司或子公司提供担保？

《暂行办法》第 29 条规定,融资性担保公司以自有资金进行投资,限于国债、金融债券及大型企业债务融资工具等信用等级较高的固定收益类金融产品,以及不存在利益冲突且总额不高于净资产 20%的其他投资。由此规定说明,融资性担保公司可以进行投资,但是必须注意以下几点:①必须以自有资金进行投资;②投资对象限于国债、金融债券及大型企业债务融资工具等信用等级较高的固定收益类金融产品;③其他投资,限于不存在利益冲突且总额不高于净资产的 20%。

融资性担保公司不得为其母公司或子公司提供融资性担保。

123. 向银行申请贷款,应如何选择担保机构？

根据《中国银监会关于促进银行业金融机构与融资性担保机构业务合作的通知》(银监发[2011]17 号,以下简称《银担合作通知》),自 2011 年 3 月 31 日起,银行业金融机构应将融资性担保机构持有经营许可证作为与之开展合作的一个必要条件。因此,通过担保机构担保向银行申请贷款,首要的是查看担保机构是否持有有效的《融资性担保机构经营许可证》。其次是根据融资性担保机构的资信状况来判断是否有能力承担担保责任。

124. 担保机构的业务如何收费？业务经费来源主要有哪些？

根据《暂行办法》第 26 条的规定，融资性担保公司收取的担保费，可根据担保项目的风险程度，由融资性担保公司与被担保人自主协商确定，但不得违反国家有关规定。何为不得违反国家有关规定？根据财政部 2001 年颁布的《中小企业融资担保机构风险管理暂行办法》第 7 条的规定，担保机构收取担保费可根据担保项目的风险程度实行浮动费率，为减轻中小企业负担，一般控制在同期银行贷款利率的 50%以内。

担保机构的业务经费主要来源包括：财政拨款（股东出资）；担保收费；担保资金存款利息所得；其他来源。

125. 什么是担保机构的担保放大倍数？根据规定，担保机构的放大倍数是多少？

担保放大倍数是指担保资金与担保贷款的放大比例。

根据财政部《中小企业融资担保机构风险管理暂行办法》第 8 条的规定，担保机构对单个企业提供的担保责任金额最高不得超过担保机构自身实收资本的 10%；担保机构担保责任余额一般不超过担保机构自身实收资本的 5 倍，最高不得超过 10 倍。因此，其放大倍数在 5～10 倍，具体放大倍数由担保公司与协作银行协商确定，并报主管监管部门批准。

126. 融资性担保公司审慎经营原则的基本要求有哪些？在专业人才配备上有哪些要求？

根据《暂行办法》第 23 条的规定，融资性担保公司应当建立符合审慎经营原则的担保评估制度、决策程序、事后追偿和处置制度、风险预警机制和突发事件应急机制，并制定严格规范的业务操作规程，加强对担保项目的风险评估和管理。

为此，《暂行办法》第 24 条规定，融资性担保公司应当配备或聘请经济、金融、法律、技术等方面具有相关资格的专业人才。跨省、自治区、直辖市设立分支机构的融资性担保公司应当设立首席合规官和首席风险官。首席合规官、首席风险官应当由取得律师或注册会计师等相关资格，并具有融资性担保或金融从业经验的人员担任。

127. 担保机构应当按照什么比例提取未到期责任准备金、风险准备金以及保证金？

根据财政部《暂行办法》的规定，其具体要求见表 5-3。

表 5-3　担保机构未到期责任准备金、风险准备金及保证金提取比例

项　目	提取比例	用　途
未到期责任准备金	应按当年担保费的 50%提取。	用于担保赔付。
风险准备金	①按不超过当年年末担保责任余额 1%的比例以及所得税后利润的一定比例提取； ②累计达到担保责任余额 10%后，实行差额提取； ③必须存入银行专户。	用于担保赔付。

续表 5-3

项　目	提取比例	用　途
保证金	应当按照其注册资本的 10%提取。存入主管财政部门指定的银行。	除担保机构清算时用于清偿债务外，任何机构一律不得动用。其他货币资金，不低于80%的部分可用于银行存款，以及买卖国债、金融债券及国家重点企业债券；不高于20%的部分，经主管财政部门批准，可用于买卖证券投资基金等其他形式。

128. 融资性担保公司对债务人提供的担保属于哪种担保方式？融资性担保公司的担保属于农信担保吗？信用担保公司与担保公司一样吗？

根据我国《担保法》和《物权法》等法律的规定，担保的方式有保证、抵押、质押、留置以及定金担保 5 种方式。其中留置和定金是不适用于借款合同的担保方式。在其余的 3 种担保方式中，抵押和质押又属于财产担保，因此，只有保证是以保证人的信用向债权人提供的一种担保方式。

所谓保证，是指保证人和债权人约定，当债务人不履行债务时，保证人按照约定履行债务或者承担责任的行为。比如，农民专业合作社向银行贷款，由某担保公司作保证人，该公司与债权人(银行)签订保证合同，而银行并不需要担保公司提供任何财产，只是凭借着对担保公司具有代替债务人偿还贷款能力的信任，将贷款发放给债务人。因此，保证是典型的信用担保。实践中，一般融资性担保公司对债务人提供的担保采用保证担保。那么，如果担保公司为农民及农村经济组织提供保证担保，又称为农信担保，相应的融资性担保公司又被称为农信担保公司。

信用担保公司与担保公司虽然都从事担保业务，但是二者并不完全相同。信用担保公司为债务人所提供的担保一般仅限于保证担保，而担保公司为债务人所提供的担保，除保证担保以外，还可以是以担保公司的财产提供的抵押、质押担保。因此，担保公司与信用担保公司相比，其可以提供的担保形式具有多样性。

129. 担保机构业务活动的主要风险是什么？

担保机构的主要业务活动是为债务人提供担保服务。担保则意味着在债务人不能按期向银行偿还贷款时，担保人应当承担代为清偿贷款本息的责任。按照《担保法》的规定，担保机构代替债务人承担了清偿责任后，可以对债务人再进行追偿，要求债务人再向担保机构进行清偿。如果债务人根本没有能力向担保机构清偿，对担保机构而言就产生了风险。因此，担保机构从事担保业务的主要风险，就是在为债务人承担了清偿责任后，不能实现对债务人的追偿。

既然，担保机构的业务活动存在风险，而且这种风险主要由债务人不具有清偿能力产生的，因此，担保机构在选择被担保人时，应当注意对被担保人即债务人的考察、评估。例如，是短期的资金周转困难，还是长期亏损。

在担保关系中涉及三方当事人的关系，如下图所示：

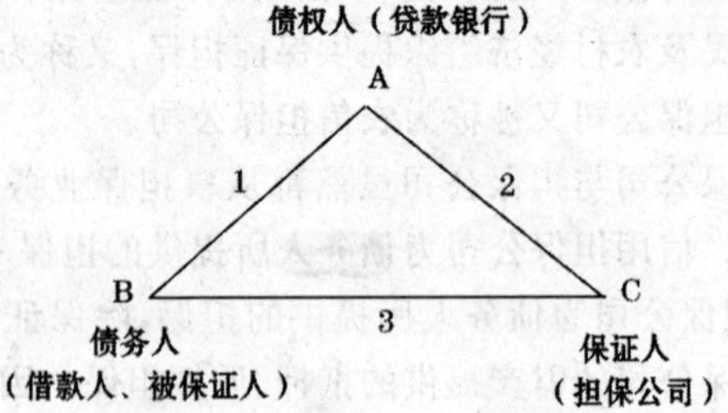

说明：上图中共有3个法律关系。

①A和B之间的借款合同关系，是主合同关系。其中A是贷款银行，也是债权人；B是借款人，即是债务人。

②A和C之间的担保合同关系，是从合同关系。A是债权人，C是保证人，也是从债务人。

③B和C之间的担保及追偿关系。B是主债务人，也是被保证人；C是B的保证人，是A的从债务人。在B不能向A偿还贷款的情况下，由C代为清偿；C代为清偿后，有权对B进行追偿。保证人C为了降低其担保风险，可以要求债务人B提供反担保。

130. 担保机构应当采取哪些风险控制措施?

根据财政部《中小企业融资担保机构风险管理暂行办法》及有关文件的要求，担保机构的风险防范措施总结为如下3个方面：

①事前控制。具体包括：对担保金额应当限制；建立严格的担保评估制度；积极采取反担保措施；按规定提取未到期责任准备金；按照规定提取保证金。

②事中控制。通过控制代偿率和设定强制再担保系数（是指担保实际放大倍数达到进行再担保的约定比例）等日常监督与强制再担保措施以实现事中控制。如《融资性担保公司管理暂行办

法》第 33 条规定，融资性担保公司办理融资性担保业务，应当与被担保人约定在担保期间可持续获得相关信息并有权对相关情况进行核实。

③事后控制。通过及时有效的追偿实现事后控制。

131. 担保机构可以采取哪些反担保措施降低自身风险？

担保机构应积极采取反担保措施，可要求投保企业以其合法的财产（包括股权）抵押或质押，提供反担保。各级财政部门应积极会同有关部门为担保机构落实反担保提供支持。例如，某农民专业合作社向银行贷款，由某农村信用担保公司为该笔贷款提供保证担保。这就意味着当该农民专业合作社到期不能偿还银行贷款本息时，应当由农村信用担保公司向银行承担代为清偿的责任。如果在农信担保公司为农民专业合作社提供保证担保的同时，要求农民合作社向其提供财产抵押或者质押担保，农民合作社向农信担保公司提供的抵押或质押担保就是反担保。即使农信担保公司代替农民专业合作社清偿了该笔贷款本息后，向合作社进行追偿时，在合作社确实没有清偿能力的情况下，有权要求将该抵押或者质押财产进行拍卖、变卖，得到清偿，从而降低了农村信用担保公司提供担保的风险。

132. 融资性担保公司应当如何处理与债权人之间的关系？担保公司与债权人之间如何分担责任？担保机构与债务人之间如何分担责任？

在《暂行办法》的第 32 条至第 35 条中，对融资性担保公司与债权人之间的关系问题，作出了较为具体的规定。

①明确约定担保责任的方式。融资性担保公司与债权人应当

按照协商一致的原则建立业务关系，并在合同中明确约定承担担保责任的方式，如一般担保还是连带责任担保(见 147 问)。

②建立信息交换机制。融资性担保公司与债权人应当建立担保期间被担保人相关信息的交换机制，加强对被担保人的信用辅导和监督，共同维护双方的合法权益。

③信息告知义务。融资性担保公司应当按照监管部门的规定，将公司治理情况、财务会计报告、风险管理状况、资本金构成及运用情况、担保业务总体情况等信息告知相关债权人。

债权人与担保机构之间的责任分担，按照分散风险的原则，担保机构可以对银行贷款进行部分担保，担保责任分担比例由担保机构和协作银行协商。例如：某农民专业合作社向银行贷款 100 万元，农信担保公司为某农民专业合作社提供担保时，应当与债权人银行签订书面保证合同，在保证合同中，农信担保公司作为保证人可以约定是为 100 万元贷款承担保证责任，还是为其中的 50 万元或 60 万元承担保证责任；是只为担保本金 100 万元承担责任，还是包括本金以外的利息、违约金等在内。通过这种约定，农信担保公司便可以清楚地知道自己的责任具体有多少。否则，如果不作出约定，按照《担保法》的规定，保证人承担的责任包括主债权(贷款本金)、利息、违约金以及实现债权的费用(如银行向农民专业合作社提起诉讼的费用)等，担保公司事先则难以确定日后将要承担多少的责任。

担保机构与债务人之间的责任分担，可在担保机构与债权人之间签订的担保合同中予以明确(见第六章问题担保方式)。

133. 担保机构应当怎样建立严格的担保评估制度?

根据《暂行办法》第 11 条的规定，担保机构应建立严格的担保评估制度，主要从以下几方面进行。

①配备或聘请经济、法律、技术等方面的相关专业人才，采用

先进的项目评价系统,提高评估能力,加强对担保项目的风险评估审查。

②注重建立长期、稳定的客户群,积累完整、翔实的客户资料,为项目评估建立可靠的信息基础。

③严格执行科学的决策程序,切实防止盲目决策。

④加强对担保项目的跟踪,完善对投保企业的事前评估、事中监控、事后追偿与处置机制;强化内部监控,防范道德风险,保证合规经营。

134. 对担保机构进行外部监督的部门主要采取哪些监管措施?

《暂行办法》的第五章对此作出了明确的规定。

①信息收集及风险持续监测制度。监管部门应当建立健全融资性担保公司信息资料收集、整理、统计分析制度和监管记分制度,对经营及风险状况进行持续监测,并于每年 6 月底前完成所监管融资性担保公司上一年度机构概览报告。

融资性担保公司应当按照要求,配合监管部门的工作,具体工作有:a. 融资性担保公司应当按照规定及时向监管部门报送经营报告、财务会计报告、合法合规报告等文件和资料。融资性担保公司向监管机构提交的各类文件和资料,应当真实、准确、完整。b. 融资性担保公司应当按季度向监管部门报告资本金的运用情况。监管部门应当根据审慎监管的需要,适时提出融资性担保公司的资本质量和资本充足率要求。c. 融资性担保公司应当及时向监管部门报告股东大会或股东会、董事会等会议的重要决议。d. 融资性担保公司应当聘请社会中介机构进行年度审计,并将审计报告及时报送监管部门。

②约见及谈话制度。监管部门根据监管需要,有权要求融资性担保公司提供专项资料,或约见其董事、监事、高级管理人员进

行监管谈话，要求就有关情况进行说明或进行必要的整改。

③向债权人进行风险通报制度。监管部门认为必要时，可以向债权人通报所监管有关融资性担保公司的违规或风险情况。

④现场检查制度。监管部门根据监管需要，可以对融资性担保公司进行现场检查，融资性担保公司应当予以配合，并按照监管部门的要求提供有关文件、资料。现场检查时，检查人员不得少于2人，并向融资性担保公司出示检查通知书和相关证件。

⑤应急措施。融资性担保公司发生担保诈骗、金额可能达到其净资产5%以上的担保代偿或投资损失，以及董事、监事、高级管理人员涉及严重违法、违规等重大事件时，应当立即采取应急措施并向监管部门报告。

⑥突发事件处置制度。监管部门应当会同有关部门建立融资性担保行业突发事件的发现、报告和处置制度，制定融资性担保行业突发事件处置预案，明确处置机构及其职责、处置措施和处置程序，及时、有效地处置融资性担保行业突发事件。

⑦联席会议制度。监管部门应当于每年年末全面分析评估本辖区融资性担保行业年度发展和监管情况，并于每年2月底前向融资性担保业务监管部际联席会议和省、自治区、直辖市人民政府报告本辖区上一年度融资性担保行业发展情况和监管情况。监管部门应当及时向融资性担保业务监管部际联席会议和省、自治区、直辖市人民政府报告本辖区融资性担保行业的重大风险事件和处置情况。

135. 除监管部门对担保机构进行外部监督外，还有哪些部门能够为融资性担保机构提供服务？

《暂行办法》中第46条和第47条的规定，为融资性担保机构提供服务的机构主要涉及行业协会和征信管理部门。融资性担保行业建立行业自律组织，履行自律、维权、服务等职责。全国性的融资性担保行业自律组织接受融资性担保业务监管部际联席会议的指导。征信管理部门应当将融资性担保公司的有关信息纳入征信管理体系，并为融资性担保公司查询相关信息提供服务。

136. 融资性担保公司的变更事项有哪些？应如何办理变更？

根据《暂行办法》第12条的规定，融资性担保公司有下列变更事项之一的，应当经监管部门审查批准：①变更名称；②变更组织形式；③变更注册资本；④变更公司住所；⑤调整业务范围；⑥变更董事、监事和高级管理人员；⑦变更持有5%以上股权的股东；⑧分立或者合并；⑨修改章程；⑩监管部门规定的其他变更事项。

融资性担保公司变更事项涉及公司登记事项的，经监管部门审查批准后，按规定向工商行政管理部门申请变更登记。

137. 融资性担保公司解散或被撤销的，应如何办理注销？对股东有什么限制？融资性担保公司能否实施破产？

根据《暂行办法》第14条的规定，融资性担保公司的解散原因主要有因分立、合并或出现章程规定的解散事由等。公司解散的，应当经监管部门审查批准，并凭批准文件及时向工商行政管理部门申请注销登记。

《暂行办法》第15条规定，融资性担保公司有重大违法经营行为，不予撤销将严重危害市场秩序、损害公众利益的，由监管部门予以撤销。法律、行政法规另有规定的除外。

融资性担保公司无论是解散或是被撤销，都应当依法成立清算组进行清算，按照债务清偿计划及时偿还有关债务。监管部门监督其清算过程。担保责任解除前，公司股东不得分配公司财产或从公司取得任何利益。

《暂行办法》第 17 条明确规定，融资性担保公司不能清偿到期债务，并且资产不足以清偿全部债务或者明显缺乏清偿能力的，应当依法实施破产。

第六章 担保方式

138. 农村担保业务的服务范围主要有哪些?

资金融通是农村经济发展的基础,而当前制约银行业金融机构向农户及农村小企业贷款的突出问题之一是,借款人缺乏有效担保物。因此,有关机构或经济组织,依法成立担保公司(见第五章),在金融机构与借款人之间搭建起资金借贷的信用平台,是解决金融机构“贷款难”、农户“难贷款”的重要途径。担保公司在农村开展担保业务的服务范围十分广泛,具体而言,可以涉及以下几方面:①为农户及农村经济组织,特别是农民专业合作社提供贷款担保,解决其生产资金的需求,以及农户的生活刚需;②为中小城镇的涉农企业提供贷款担保,对推进城镇化建设提供资金借贷支持;③为青年创业贷款提供担保,不仅解决青年创业融资难的问题,更重要的是对该项贷款监督其实际用途(见问题157);④为农村妇女创业贷款提供担保,组织农村留守妇女参与经济活动,也是稳定农村社会生活的需要。

139. 我国有关担保问题的法律主要有哪些?

目前,我国有关担保问题的法律主要包括:《中华人民共和国担保法》(第八届全国人民代表大会常务委员会第十四次会议于1995年6月30日通过,自1995年10月1日起施行)、《最高人民法院关于适用〈中华人民共和国担保法〉若干问题的解释》(2000

年9月29日由最高人民法院审判委员会第1133次会议通过，自2000年12月13日起施行）、《中华人民共和国物权法》（第十届全国人民代表大会第五次会议于2007年3月16日通过，自2007年10月1日起施行）。

此外，在其他一些法律中也涉及担保问题的规定，如《公司法》、《合伙企业法》、《个人独资企业法》等法律中，对于企业出资人、管理人的担保问题作出一定的限制。

140. 我国《担保法》规定的担保方式有哪些？可以适用于借款合同的担保方式有哪些？

我国《担保法》第2条第2款规定："本法规定的担保方式为保证、抵押、质押、留置和定金。"结合《物权法》的规定分析，其中抵押、质押和留置属于物权担保，即以当事人提供的特定财产设定担保的方式，在债务人不能偿还债务的情况下，将这些特定财产通过拍卖、变卖等方式实现的变现款予以清偿。

在以上5种担保方式中，适用于借款合同的担保方式主要有保证、抵押和质押。

141. 担保具有哪些特征？如果借款人与银行签订的借款合同无效，担保合同是否有效？

担保是指法律规定或者当事人约定的以保证合同履行、保障债权人利益实现的法律措施。担保具有从属性与补充性特征。

担保合同是从属于主合同的从合同。例如，农民专业合作社与银行签订的借款合同是主合同，为担保借款人按期向贷款人偿还贷款，而由农信担保公司与贷款银行订立的保证合同、抵押合同就属于从合同。由于担保合同对主合同具有依附性，一般而言，主合同不成立，担保合同不成立；主合同无效，担保合同无效。因此，借款人与银行签订的借款无效，那么担保公司与银行订立的担保合同也无效。但是，主合同有效，担保合同不一定有效，还需对担保合同的当事人、担保物等因素具体分析。

担保对债权人权利的实现仅具有补充作用，在主债关系因适当履行而正常终止时，担保人并不实际履行担保义务。只有在主债务不能得到履行时，补充的义务才需要履行，使主债权得以实现，因此，担保具有补充性。以上一例来说，如果农民专业合作社能够按期偿还银行贷款，农信担保公司并不需要实际履行担保义务；如果农民专业合作社不能按期偿还银行贷款，农信担保公司则需要履行担保义务，即代替农民专业合作社向银行偿还贷款。

142. 什么是保证担保？什么人有资格作保证人？担保公司是否有资格做保证人？

《担保法》第 6 条规定："本法所称保证，是指保证人和债权人约定，当债务人不履行债务时，保证人按照约定履行债务或者承担责任的行为。"根据这一规定，在保证担保中，应当注意 2 点突出问题。第一，保证合同是保证人与债权人之间订立的合同，而非保证人与债务人之间订立的合同。第二，保证是由保证人提供的担保，因此，保证人的资格尤为重要。只有那些具有合法资格的人签订的保证合同，才能产生法律上的效力；否则，保证合同则因保证人的资格不合法而导致无效。

关于保证人的资格，《担保法》既规定了哪些人可以作保证人，同时也规定了不可以作保证人的各种情形。具体而言，《担保法》第 7 条明确规定："具有代为清偿债务能力的法人、其他组织或者公民，可以作保证人。"

由此可见，作保证人的实质条件要具有代为清偿债务的能力，即当债务人不履行债务时，保证人能够按照约定代替债务人向债权人清偿债务。就保证人的身份而言，可以是法人，也可以是不具有法人资格的组织，还可以是自然人。但是，根据《担保法》及司法解释的有关规定，对保证人的资格也作出相应的限制，这些限制主要有：①主债务人不得同时为保证人。如果主债务人同时为保证人，意味着其责任财产未增加，保证的目的落空。②国家机关原则上不得为保证人，但经国务院批准为使用外国政府或者国际经济组织贷款进行转贷的，国家机关可以为保证人。③学校、幼儿园、医院等以公益为目的的事业单位、社会团体不得为保证人。但从事经营活动的事业单位、社会团体，可以担任保证人。④企业法人的职能部门不得担任保证人。⑤企业法人的分支机构，如分公司，原则上不得担任保证人。但企业法人的分支机构有法人书面授权的，可以在授权范围内提供保证。

同时，保证合同的订立，应当以保证人自愿签订合同为前提。为此，《担保法》第 11 条规定："任何单位和个人不得强令银行等金融机构或者企业为他人提供保证；银行等金融机构或者企业对强令其为他人提供保证的行为，有权拒绝。"

根据以上规定，由于担保公司是具有企业法人资格，专门为农村经济组织及农民融资提供担保服务的机构，毫无疑问具有保证人的资格。但是，如果担保公司设立的分支机构，如分公司在提供担保服务时，一定要得到其总公司的书面授权，并在授权范围内提供担保服务。

143. 担保公司或自然人以保证人身份，与银行签订了保证合同，若不具有代偿能力，是否还应承担保证责任？

虽然《担保法》明确规定，保证人应当具有代为清偿债务的能力，但是根据《担保法司法解释》的规定，不具有完全代偿能力的主体，只要以保证人身份订立保证合同，就应当承担保证责任。应当注意，这里指的保证人是不具有完全代偿能力，而非不具有代偿能力，因此，可以理解为其只要具有代偿能力，无论是否完全，都应考虑在其能力范围内承担代偿责任。例如，某农户向银行贷款3万元，同村另一农户作为保证人与银行签订了保证合同，如果该担保的农户在承担保证责任时只具有2万元的清偿能力，那么当借款农户不履行还贷义务时，该担保农户也应当向银行承担偿还责任。

144. 保证合同可以采用口头形式吗？订立保证合同应当注意哪些问题？

保证合同是保证人与债权人订立的书面合同。首先，保证合同应当以书面形式订立。其次，保证合同当事人应当就保证合同的内容作出明确约定。根据《担保法》第15条的规定，担保合同应当包括以下内容。①被保证的主债权种类、数额。如被保证的主债权为借款合同，借款金额为50万元。②债务人履行债务的期限。如借款人还款的截止日期。③保证方式（见问题147）。④保证担保的范围（见问题151）。⑤保证的期间（见问题153）。⑥双方认为需要约定的其他事项。

145. 如果保证人未与债权人协议一致，单方以书面形式向债权人出具担保书，保证合同能否成立？

《担保法司法解释》第22条规定："第三人单方以书面形式向债权人出具担保书，债权人接受且未提出异议的，保证合同成立。"

此外，本条第2款还规定："主合同中虽然没有保证条款，但是，保证人在主合同上以保证人的身份签字或者盖章的，保证合同成立。"

如某农村经济组织与银行订立借款合同后，相对于该二者而言，作为保证人的担保公司属于第三人。保证合同一般要求保证人与债权人协商一致订立，但是根据上述规定，在担保公司未与银行进行协商，而是单方出具担保书，并且得到银行接受的情况下，保证合同同样成立，意味着担保公司应当承担保证人的责任。

146. 担保公司未与银行签订保证合同，借款人与银行签订的借款合同中也没有保证条款，但担保公司在借款合同上以保证人身份签字或者盖章，担保公司应当承担担保责任吗？

《担保法司法解释》第22条第2款规定："主合同中虽然没有保证条款，但是，保证人在主合同上以保证人的身份签字或者盖章的，保证合同成立。"

根据本条内容的规定，既然保证合同成立，因此，在农民专业合作社与银行签订的借款合同中没有保证条款，但担保公司在借款合同上以保证人身份签字或者盖章，应当承担担保责任。

147. 什么是保证方式？如果保证人与银行签订的保证合同中没有约定保证方式，怎么办？保证人在保证合同中选择哪一种保证方式比较有利？

所谓保证方式，即保证人承担责任的形式。根据我国《担保法》第16条的规定，保证方式有一般保证和连带责任保证2种形式。当事人可以在保证合同中约定保证方式，如果保证人与银行签订的保证合同中对保证方式没有约定或者约定不明确的，根据《担保法》的规定，保证人按连带责任保证承担保证责任。

所谓连带责任保证，是指保证人与债权人在保证合同中约定，在债务人不履行债务时，由保证人对债务承担连带责任的保证。例如，当某农户与银行签订的主债务履行期限届满，该农户不按期偿还银行贷款时，无论其是否有能力清偿，银行作为债权人既可以起诉债务人（该农户），也可以起诉保证人，或者将债务人与保证人一并起诉，要求其清偿债务。由此可见，在连带责任保证中，保证人与债务人就债务的承担不存在先后顺序。

所谓一般保证，是指保证人与债权人在保证合同中约定，债务人不能履行债务时，由保证人承担保证责任的保证。根据这一定义可以看到，在一般保证中，债权人如果要求保证人承担保证责任，必须证明债务人不能履行债务，也就是没有能力履行债务。在债权人没有证明这一事实存在的情况下，不得直接对保证人提起诉讼。那么，债权人应当如何证明债务人没有能力履行债务呢？我们举例说明，某农户与银行签订借款合同，某担保公司为农户的该笔银行贷款提供保证担保，为此担保公司和银行订立保证合同，并且约定担保公司为一般保证人。农户的银行贷款到期没有清偿时，债权人银行应当首先起诉债务人即农户，如果这时起诉担保公司，其有权拒绝。在法院就银行与农户之间的债务问题作出判决或裁决后，如果农户没有执行法院判决，银行可以请求法院对农户采取强制执行的措施，至此措施施行后，其依然不能偿还银行贷款，则说明债务人不能履行债务，此时，债权人银行方可起诉一般保证人担保公司，要求其代为承担清偿责任。通过上例，我们看到在一般保证方式下，保证人在主合同纠纷未经审判或仲裁，并就债务人财产依法强制执行用于清偿债务前，对债权人可拒绝承担保证责任，一般保证人的这种权利，在担保法理论上称之为先诉抗辩权。也就是说，在一般保证中，保证人与债务人向银行承担清偿责任存在着明确的顺序，债权人必须首先要求债务人承担清偿责任，在证明了债务人不具备清偿能力的情况下，才能要求保证人承担代为清偿的责任。见表 6-1。

表 6-1　连带责任保证与一般保证的比较

	连带责任保证	一般保证
概　念	是指保证人与债权人在保证合同中约定，在债务人加重债务时，由保证人对债务承担连带责任的保证。	是指保证人与债权人在保证合同中约定，债务人加重债务时，由保证人承担保证责任的保证。
区　别	保证人与债务人就债务承担连带责任，不存在先后顺序。也就是说，债权人对保证人和债务人提起诉讼没有先后顺序。	保证人享有先诉抗辩权，即保证人在主合同纠纷未经审判或仲裁，并就债务人财产依法强制执行用于清偿债务前，对债权人可拒绝承担保证责任。因此，债权人对债务人和保证人提起诉讼有先后顺序，必须先起诉债务人。
联　系	如果保证合同中对保证方式没有约定或者约定不明确的，保证人按连带责任保证承担保证责任。	

通过以上分析，可以清楚地看到，保证人是否享有先诉抗辩权，是一般保证与连带责任保证最大的区别。正是由于这种明显的区别，保证人在选择担保方式时，如何降低其自身风险，应该不难找到答案。

148. 借款人的财产状况达到什么程度，才能说明“不能清偿”债务呢？

在 147 问中，说明了在一般保证的情形下，债权人要举证证明债务人不能清偿债务，即没有能力清偿债务，必须通过法院强制执行程序加以证明。那么，债务人到什么程度才能说明其“不能清偿”呢？根据《担保法司法解释》的规定，是指对债务人的存款、现金、有价证券、成品、半成品、原材料、交通工具等可以执行的动产和其他方便执行的财产执行完毕后，债务仍未能得到清偿。

149. 一般保证人的先诉抗辩权在什么情况下受到限制？

虽然在前面的问题中已经说明一般保证的保证人享有先诉抗辩权(见147问)。但是,并非任何情形下一般保证人都享有先诉抗辩权。根据《担保法》的规定,有下列情形之一的,保证人不得行使先诉抗辩权:①债务人住所变更,致使债权人要求其履行债务发生重大困难的;②人民法院受理债务人破产申请,中止执行程序的;③保证人以书面形式放弃先诉抗辩权的。

结合以上规定,保证人在提供担保的过程中,如果选择一般担保的方式,应当注意以下问题:①注意债务人住所变更的情况,并及时向债权人提供相关信息;②要谨慎选择被担保的对象,以防因为其破产,而实际发生保证责任的风险;③如果确实要放弃先诉抗辩权的,要以书面形式作出,并且应当谨慎考虑债务人的清偿能力,比如是短期资金周转困难,还是面临长期的压力等。

150. 什么是单独保证？什么是共同保证？农户联保属于哪一种？在共同保证(农户联保)的情况下,如何承担保证责任？

从保证人的数量划分,保证可以分为单独保证和共同保证。

单独保证是指只有一个保证人担保同一债权的保证。共同保证是指数个保证人担保同一债权的保证。因此,实践中农户联保的方式属于共同保证。

共同保证既可以在数个共同保证人与债权人签订一个保证合同时成立,也可以在数个保证人与债权人签订数个保证合同,但担保同一债权时成立。

根据《担保法》及司法解释的规定,在2个以上的保证人共同保证的情况下,按照保证人之间是否约定各自承担的担保份额,可以将共同保证分为按份共同保证和连带共同保证。

按份共同保证是保证人与债权人约定按份额对主债务承担保证义务的共同保证。例如,甲农户向银行贷款 6 万元,由乙农户和丙农户为该笔银行贷款提供保证担保,如果这 2 个保证人与债权人银行约定分别承担 3 万元的担保责任,则该共同保证即为按份共同保证。对于按份的共同保证,保证人则按照与债权人约定的份额承担保证责任,对于超出约定份额的部分,保证人有权拒绝承担。

连带共同保证是指各保证人约定均对全部主债务承担保证义务,或保证人与债权人之间没有约定所承担保证份额的共同保证。连带共同保证的债务人在主合同规定的债务履行期届满没有履行债务的,债权人可以要求债务人履行债务,也可以要求任何一个保证人承担全部保证责任。已经承担保证责任的保证人,有权向债务人追偿,或者要求承担连带责任的其他保证人清偿其应当承担的份额。如前例中,如果乙农户和丙农户 2 个保证人,与债权人银行没有约定各自承担的保证责任份额,那么在该笔银行贷款到期没有得到清偿时,银行可以要求债务人甲农户清偿,也可以要求 2 个保证人中的任何一个承担 6 万元的清偿责任。如果其中的一位保证人乙农户向银行偿还了 6 万元贷款,则有权向债务人甲农户追偿,或者要求另外一个保证人丙农户清偿其应当承担的份额。如果乙农户和丙农户之间没有确定各自应当承担的份额,一般按照平均分担的原则处理,即每人 3 万元的清偿责任。

151. 保证人对借款合同中的利息、违约金等应当承担保证责任吗?

这个问题实际涉及保证范围的问题。《担保法》第 21 条规定:"保证担保的范围包括主债权及利息、违约金、损害赔偿金和实现债权的费用。保证合同另有约定的,按照约定。当事人对保证担保的范围没有约定或者约定不明确的，保证人应当对全部债务承担责任。”根据这一规定，可以理解为，如果保证人与债权人在保证合同中对保证担保的范围作出了约定，保证人应当按照约定承担保证责任。如果没有作出约定或者约定不明确的，保证人的担保范围则包括主债权及利息、违约金、损害赔偿金和实现债权的费用在内。简而言之，当事人有约定的从其约定，没有约定的从其法定。例如，保证人与债权人在保证合同中约定，保证人只对借款人的 30 万元借款本金承担代为清偿的责任，那么如果债务人到期不能向债权人清偿债务，保证人只负担 30 万元本金的清偿责任，除此之外发生的利息、违约金等，保证人不承担清偿责任。但是，如果保证人与债权人对此没有作出约定的，保证人应当对全部债务承担责任，除 30 万元本金之外，还包括利息、违约金等。

152. 借款合同的内容发生变更，保证人的保证责任也发生变化吗？

借款合同的变更，也就是借款合同主要条款的变更，主要包括借款金额、利率、借款期限等发生变化。

《担保法司法解释》第 30 条规定：“保证期间，债权人与债务人对主合同数量、价款、币种、利率等内容作出变动，未经保证人同意的，如果减轻债务人的债务的，保证人仍应当对变更后的合同承担保证责任；如果加重债务人的债务的，保证人对加重的部分不承担保证责任。债权人与债务人对主合同履行期限作了变动，未经保证人书面同意的，保证期间（见 153 问）为原合同约定的或者法律规定的期间。债权人与债务人协议变动主合同内容，但并未实际履行的，保证人仍应当承担保证责任。”

以上规定，具体可以分为 3 层意思理解。①关于借款金额、利率、借款期限发生变化，如果是借款金额增加、利率上调等，则意味着加重了债务人的债务，那么保证人对加重部分不承担保证责任；

反之，如果借款金额减少、利率下降等，则意味着减轻了债务人的债务，保证人应当对变更后的借款合同承担保证责任。②关于借款期限的变更，无论是借款合同延长了借款期限还是缩短了借款期限，都应当考虑保证人是否书面同意，未经保证人书面同意的，保证期间为原合同约定的或者法律规定的期间。例如，某农村小企业向银行贷款 30 万元，约定在 2013 年 12 月 31 日前偿还全部贷款。某担保公司为保证人，与银行在保证合同中约定，保证期间截止到 2014 年 3 月 31 日，即自 2013 年 12 月 31 日至 2014 年 3 月 31 日期间内，保证人应当承担保证责任，即某农村小企业不偿还贷款的，银行可以要求保证人担保公司代为承担清偿责任。此后，如果某农村小企业与银行就还款的期限无论是提前了还是延长了，在未经保证人担保公司书面同意的情况下，担保公司承担保证责任的期间不变，仍然是截止到 2014 年 3 月 31 日。③借款人与贷款人虽然协议变动了借款合同的内容，但是并未实际按照变更后的内容履行的，无论保证人是否书面同意，保证人都应按照原来约定的或者法定的内容承担保证责任。

153. 什么是保证期间？如何确定保证人承担保证责任的期间？

保证期间为保证人保证责任的存续期间，是债权人向保证人行使追索权的期间。

关于保证期间的确定，根据《担保法》及司法解释的规定，可以有 3 种确定方式。①保证人与债权人可以在保证合同中约定保证期间。如保证人承担保证责任的期间自主合同履行期限届满之日起 3 个月内，或者 1 年内等；②如果保证人与债权人在保证合同中没有约定保证期间的，保证期间为 6 个月，自主债务履行期限届满之日起计算；③保证合同约定保证人承担保证责任，直至主债务本息还清时为止等类似内容的，视为约定不明，保证期间为主债务履行期限届满之日起 2 年。

以上提到的 6 个月或者 2 年的期间，是一个时间段的概念，还应当考虑该期间从何时开始计算。一般而言，应当从主合同约定的履行期限届满之日起计算。但是，如果主债务履行期限没有约定或者约定不明时，保证期间自债权人要求债务人履行债务的宽限期届满之次日计算。

根据上述规定，保证人在签订保证合同时，可以结合债务人的实际情况合理地选择保证期间，3 个月、6 个月或者 1 年等。但是，如果没有作出约定的，按照法律规定，保证期间为 6 个月，自主债务履行期限届满之日起计算。当然，更不能作出"保证人承担保证责任，直至主债务本息还清时为止"等类似约定不明的内容。

154. 保证人在保证合同中约定，保证期间早于或者等于主债务履行期限的，怎么办？

保证合同约定的保证期间早于或者等于主债务履行期限的，例如，某农户与银行的借款合同约定还款截止到 2012 年 12 月 31 日，保证人与银行在保证合同中约定，保证期间截止到 2012 年 10 月 31 日，或者截止到 2012 年 12 月 31 日，根据《担保法司法解释》第 32 条明确规定，视为没有约定，保证期间为主债务履行期届满之日起 6 个月。意味着农信担保公司的担保期间应当截止到 2013 年 6 月 30 日。

155. 借款人到期不偿还银行贷款，银行可以起诉保证人要求其代为清偿吗？

借款人到期不能偿还银行贷款，银行能否起诉保证人要求其代为清偿，应当注意分析以下 2 点：第一，要分清一般保证和连带责任保证；第二，要考虑保证期间。

由于一般保证的保证人享有先诉抗辩权(见 147 问)。因此，当主债务履行期限届满，债务人不履行债务的，债权人应当首先起诉债务人，但是，该诉讼必须在保证期间内提起。在法院就该诉讼作出判决或仲裁机构作出裁决，并且经法院强制执行程序仍未得到执行的情况下，债权人再起诉保证人。例如，某农村经济组织向银行贷款，还款日期截止到 2012 年 12 月 31 日。某担保公司与银行订立保证合同，约定其为一般保证人，保证期间为借款合同履行期限届满后的 6 个月内。如果债务人到期没有偿还银行贷款，银行于 2013 年 4 月 10 日起诉债务人要求清偿债务。法院依法作出判决，由于债务人未能履行法院生效判决书中确定的义务，银行请求法院强制执行。如果强制执行该农村经济组织的财产，也未能清偿银行债务，银行可以起诉保证人担保公司，要求其代为清偿债务人不能清偿的债务。不过，银行对担保公司的诉讼一定要发生在 2013 年 6 月 30 日前，即保证期间。如果银行对担保公司的诉讼发生在 2013 年 6 月 30 日以后，由于超过了保证期间，即使该债务通过强制执行程序也未能得到清偿，银行也不能再起诉担保公司，要求其承担保证责任。

对于连带责任保证，债权人在主债务未能得到清偿的情况下，在保证期间内既可以起诉债务人，也可以起诉保证人，还可以将债务人和保证人一并起诉。应当注意的是，债权人对保证人的诉讼，一定发生在保证期间，超过保证期间，保证人的责任免除，债权人不得再向保证人提起诉讼。如前例，如果保证人担保公司为连带责任保证人，农村经济组织在 2012 年 12 月 31 日未能偿还银行贷款，银行则可以在 2013 年 6 月 30 日之前直接起诉保证人担保公司要求其承担代为清偿责任。2013 年 6 月 30 日以后，由于超过保证期间，银行便只能起诉债务人。

156. 在什么情况下，债权人起诉保证人，保证人无须承担保证责任？

这个问题，主要涉及保证期间与诉讼时效的内容。

关于保证期间在前面已经介绍过，如果超过保证期间，债权人无权要求保证人承担保证责任（见155问）。如果在保证期间，债权人则有权要求保证人承担保证责任。那么，债权人如果起诉保证人要求其承担保证责任，应当弄清楚2个问题：一是债权人起诉保证人的诉讼时效期限是多长；二是该诉讼时效期限从什么时候开始计算。

保证的诉讼时效期限，按照《民法通则》的规定应当为2年。关于该2年的诉讼时效期限，从何时计算的问题，《担保法司法解释》第34条规定："一般保证的债权人在保证期间届满前对债务人提起诉讼或者申请仲裁的，从判决或者仲裁裁决生效之日起，开始计算保证合同的诉讼时效。连带责任保证的债权人在保证期间届满前要求保证人承担保证责任的，从债权人要求保证人承担保证责任之日起，开始计算保证合同的诉讼时效。"从这一规定我们看出，有必要区分一般保证和连带责任保证。

以155问中的例子分析，某农村经济组织向银行贷款，还款日期截止到2012年12月31日。某担保公司与银行订立保证合同，约定其为一般保证人，保证期间为借款合同履行期限届满后的6个月内。如果债务人到期没有偿还银行贷款，银行于2013年4月10日起诉债务人要求清偿债务。法院于2013年9月20日依法作出生效判决，由于债务人未能履行法院生效判决书中确定的义务，银行请求法院强制执行。如果强制执行债务人的财产，也未能清偿银行债务，银行自法院生效判决作出之日起2年内（2013年9月20日至2015年9月20日）可以起诉保证人担保公司，要求其代为清偿债务人不能清偿的债务。

在连带责任保证中，如前面的例子，担保公司的保证期间截止到2013年6月30日，银行于该日期届满之前都可以起诉担保公司，从银行开始起诉担保公司之日开始计算诉讼时效，诉讼时效的期间同样是2年。

通过以上分析，债权人起诉保证人担保公司，担保公司无须承担担保责任的情况主要有2种：一是债权人对担保公司提起的诉讼，超过了保证期间；二是债权人对担保公司提起的诉讼，超过了诉讼时效期间。

157. 如果保证人只承诺监督借款人专款专用的，借款人到期不能偿还银行贷款的，保证人承担保证责任吗？

《担保法司法解释》第26条规定："第三人向债权人保证监督支付专款专用的，在履行了监督支付专款专用的义务后，不再承担责任。未尽监督义务造成资金流失的，应当对流失的资金承担补充赔偿责任。"说明在这种情况下，第三人的保证责任只限于监督借款人专款专用，至于借款人能否按期偿还贷款，保证人都不承担责任。例如，某农户向银行贷款，其贷款目的为购置农用机械，担保公司作为第三人只监督该农户的贷款用途。如果该农户未将该笔贷款挪作他用，无论其到期能否偿还银行贷款，担保公司均不承担偿还责任；但是如果该农户将该笔贷款的部分用于购置家用电器，到期又不能如数偿还银行贷款，那么，担保公司因为未尽到监督专款专用的义务，对于流失的资金，在农户无力偿还的情况下，承担补充赔偿责任。

158. 哪些情况下，保证人不承担保证责任？

在前面的问题中，主要说明了保证人在超过保证期间或者保证的诉讼时效以后，不承担保证责任的情况(见156问)。在这一问中，主要说明保证人在订立保证合同中意思表示不真实的情形。

根据《担保法》第30条的规定，有下列情形之一的，保证人不承担民事责任：①主合同当事人双方串通，骗取保证人提供保证的；②主合同债权人采取欺诈、胁迫等手段，使保证人在违背真实意思的情况下提供保证的。此外，《担保法司法解释》第40条规定，主合同债务人采取欺诈、胁迫等手段，使保证人在违背真实意思的情况下提供保证的，债权人知道或者应当知道欺诈、胁迫事实的，保证人不承担民事责任。

但是，如果债务人与保证人共同欺骗债权人，订立主合同和保证合同的，债权人可以请求人民法院予以撤销。因此给债权人造成损失的，由保证人与债务人承担连带赔偿责任。

159. 保证人代替债务人偿还债务后，享有什么权利？如果保证人实际的清偿额大于主债权范围的，能否行使追偿权？

《担保法》第31条规定："保证人承担保证责任后，有权向债务人追偿。"据此规定，农信担保公司作为保证人，在承担保证责任后，有权向债务人行使追偿权，追偿权的行使范围限定于保证人代为清偿的部分。

《担保法司法解释》第43条规定："保证人自行履行保证责任时，其实际清偿额大于主债权范围的，保证人只能在主债权范围内对债务人行使追偿权。"根据本条，首先肯定了保证人的追偿权，但同时有对其追偿权行使的范围作出限定，限定在主债权的范围内。也就是说，如果农民合作社和银行签订的贷款合同，到期应当清偿的贷款本息共计为30万元，如果担保公司向银行偿还了35万元，那么，将来对农民合作社进行追偿时也只能追偿30万元。因此，担保公司在实际履行代为清偿时，一定要看清借款合同中的债务金额有多少，否则，就超过借款合同金额的部分，不能要求债务人偿还。

160. 在保证期间，如果债务人破产的，保证人可以申报债权吗？

根据《担保法》第32条和《担保法司法解释》第44条至第46条的有关规定，保证期间，人民法院受理债务人破产案件的，债权人既可以向人民法院申报债权，也可以向保证人主张权利。债权人不申报债权的，应当通知保证人。保证人在承担保证责任前，可以预先申报破产债权行使追偿权，参加破产财产分配，以免发生保证人承担保证责任后，因债务人破产财产已分配完毕无法行使追偿权的情况。如果债权人知道或者应当知道债务人破产，既未申报债权也未通知保证人，致使保证人不能预先申报破产债权行使追偿权的，保证人在该债权在破产程序中可能受偿的范围内免除保证责任。

根据上述规定，在保证期间如果债务人破产的，无论保证人是否已经代替债务人向债权人清偿了债务，都可以申报债权。

161. 在保证期间，如果债务人破产，债权人在破产程序中未受清偿的部分，保证人是否应当承担保证责任？

由于保证期间，人民法院受理债务人破产案件的，债权人既可以向人民法院申报债权，也可以向保证人主张权利。如果债权人申报债权后在破产程序中未受清偿的部分，保证人仍应当承担保证责任。债权人要求保证人承担保证责任的，应当在破产程序终结后6个月内提出。

据此规定，在保证期间，如果债务人破产，债权人在破产程序中未受清偿的部分，农信担保公司应当承担保证责任。

162. 什么是反担保？什么是再担保？

为了换取担保人提供保证、抵押或质押等担保方式，担保人可以要求债务人为担保人的担保提供担保。这种由债务人或者第三人向该担保人提供的担保，相对于原担保而言被称为反担保。根据《担保法司法解释》的规定，反担保的方式可以是债务人提供的抵押或者质押，也可以是其他人提供的保证、抵押或者质押。例如，甲与银行订立借款合同，由乙提供保证担保；同时，乙为了降低风险，要求甲将其财产抵押给乙，那么甲与乙之间的抵押担保即是反担保。

目前我国《担保法》有反担保的规定，但没有再担保的规定。从法学理论角度进行探讨，一般认为再担保是指为担保人设立的担保。当担保人不能独立承担担保责任时，再担保人将按合同约定比例向债权人继续剩余的清偿，以保障债权的实现。双方按约定承担相应责任，享有相应权利。

163. 哪些担保合同属于无效担保合同？

担保合同必须合法才能有效。担保合同的合法主要考虑保证人的资格合法(见 142 问)，保证人的资格不合法，保证合同不能产生法律效力。根据有关法律和司法解释规定，下列担保合同无效：①国家机关和以公益为目的的事业单位、社会团体违法提供担保的，担保合同无效；②董事、高级管理人员违反《公司法》第 149 条规定，即违反公司章程的规定，未经股东会、股东大会或者董事会同意，以公司财产为他人提供担保的，担保合同无效；③以法律、法规禁止流通的财产或者不可转让的财产设定担保的，担保合同无效。如以不可以抵押的财产设定抵押，抵押担保合同无效(见 167 问)。

164. 什么是抵押？什么是质押？抵押与质押的主要区别及相同之处有哪些？

表 6-2　抵押与质押的比较

		抵　押	质　押
不同	概　念	抵押，是指债务人或者第三人不转移对抵押财产的占有，将该财产作为债权的担保。债务人不履行到期债务或者或者发生当时约定的实现抵押权的情形时，债权人有权依照法律规定以该财产折价或者以拍卖、变卖该财产的价款优先受偿。其中债务人或者第三人为抵押人，债权人为抵押权人，提供担保的财产为抵押财产，也称抵押物。	质押是指债务人或者第三人将其动产或权利移交债权人占有，将该财产作为债权的担保，但债务人不履行债务或者发生当事人约定的实现质押权的情形时，债权人有权依法以该财产变价所得优先受偿。质押分为财产质押和权利质押。其中债务人或第三人为出质人，债权人为质权人，交付的动产或权利为质物。
	财产范围	包括抵押人享有所有权或可依法处分的动产和不动产（见 167 问）。	只限于出质人的动产及特定权利，如商标权、专利权等（见 185 问）。
	交付状态	抵押人无须向抵押权人交付抵押物。	出质人应当向质权人交付质物。
	权利设定	特定抵押物须办理登记手续，方能取得抵押权（见 166 问）。	动产须向质权人交付，特定权利须办理登记手续，方能设定质权（见 189～192 问）。

续表 6-2

<table>
<tr><th></th><th></th><th>抵 押</th><th>质 押</th></tr>
<tr><td rowspan="4">相
同</td><td>合同
内容</td><td colspan="2">抵押权人(质权人)和抵押人(出质人)不得在合同中约定,在债务履行期届满抵押权人(质权人)未受清偿时,抵押物(质物)的所有权转移为抵押权人(质权人)所有。</td></tr>
<tr><td>担保
范围</td><td colspan="2">主债权及利息、违约金、损害赔偿金、质物保管费用和实现抵押权(质权)的费用。合同另有约定的除外。</td></tr>
<tr><td>权利
实现</td><td colspan="2">债务履行期限届满,债权人(抵押权人或质权人)未受清偿的,通过对抵押物或者质物的拍卖、变卖等变现方式实现。</td></tr>
<tr><td>担保物
灭失的
处理</td><td colspan="2">抵押权(质权)因抵押物(质物)灭失而消灭。因灭失所得的赔偿金等,应当作为担保财产。</td></tr>
</table>

165. 什么是抵押?抵押具有哪些基本特征?

关于抵押的概念在 165 问中已经介绍(表 6-2)。抵押作为一种担保方式,其必然具有担保的一般特征,即从属性和补充性。除此之外,根据以上规定分析,抵押还具有以下基本特征。

①抵押合同的当事人为抵押人和抵押权人。抵押人可以是债务人也可以是第三人,债权人与抵押权人为同一人。如甲向银行贷款 5 万元,甲是债务人,银行是债权人。如果甲以自己的价值 5 万多元的农用机械抵押给银行,则甲是抵押人,银行是抵押权人;如果乙将其财产抵押给银行,为甲的债务提供担保,则乙是抵押人,抵押权人不变,依然是银行。

②抵押物必须合法(见 167 问),抵押物不合法将导致抵押合同无效。

③抵押人不转移对抵押物的占有。除法律和抵押合同另有约

定的以外，抵押人有权继续占有抵押物。

④抵押权的实现是通过对抵押物的折价、拍卖、变卖的价款优先受偿。也就是说，是以抵押物的变现价款优先受偿。

166. 什么是抵押权？如何取得抵押权？必须办理抵押物登记，才能取得抵押权吗？

抵押权是指在债务人不履行债务时，债权人有权依照法律规定以抵押财产折价或者以拍卖、变卖该财产的价款优先受偿的权利。例如，在165问的例子中，甲如果到期不能偿还银行贷款，银行可以与甲协商将抵押的农用机械进行变卖或者拍卖等，如果变现价值为4万元，银行优先就这4万元得到清偿，其余部分有权继续要求甲偿还。

所谓优先受偿，其中的优先是与其他没有财产担保的债权人比较而言。例如，甲不仅向这家银行贷款5万元，而且甲还向其他人乙借款1万元，如果这2笔债务同时到期，银行的债务因为有财产抵押，这笔债务优先于乙的债务得到清偿。

抵押权的取得，主要通过法律行为，如双方订立抵押合同，并依法办理抵押物登记。但抵押权也可以基于法律行为以外的法律事实获得，如基于继承等。因此，通过订立抵押合同是抵押权取得的主要途径，但不是唯一途径。

并非所有的抵押权取得均须办理登记手续。根据《物权法》的规定，登记作为抵押权设立条件的财产范围有：①建筑物和其他土地附着物；②建设用地使用权；③以招标、拍卖、公开协商等方式取得的荒地等土地承包经营权；④正在建造的建筑物。因此，登记才能取得抵押权的财产主要是不动产或者土地使用权。以上4类财产设定抵押，必须依法进行登记，对其理解应当注意以下几点：①以上述财产设定抵押，如果当事人未办理，虽然抵押权没有设立，但是抵押合同已经生效；②抵押物登记记载的内容与抵押合同约定的内容不一致的，以登记记载的内容为准；③以尚未办理权属证书的财产抵押的，只要当事人在一审法庭辩论终结前能够提供权力证书或者补办登记手续的，法院可以认定抵押有效。

此外，根据《物权法》第 189 条的规定，当事人以生产设备、原材料、半成品、产品，正在建造的船舶、航空器、交通运输工具设定抵押，或者以《物权法》规定的动产设定抵押，抵押权自抵押合同生效时设立。因此，以生产设备等动产设定抵押权的，法律规定不以登记作为必要条件，是否办理登记，可以由当事人约定。

但是，上述财产设定抵押权，未经登记不得对抗善意第三人，即采取登记对抗主义。所谓第三人，是指抵押人与抵押权人以外的人。所谓善意第三人，是指对该特定财产已经设定抵押权不知情的人。例如，甲向银行贷款，甲与银行订立抵押合同，约定将 1 辆农用机械抵押给银行，但没有办理该财产的抵押登记。此后，如果乙不知道该机械已经设定抵押的事实，并且对该农用机械主张所有权，则抵押权人银行不得以对该机械享有抵押权为由，拒绝乙行使权利。银行为此受到的损失，应当要求甲承担。

167. 哪些财产可以抵押？哪些财产不可以抵押？

设定抵押权属于处分财产的行为，因此，抵押人必须对设定抵押的财产享有所有权或者处分权。抵押财产必须属于法律允许抵押的财产范围，抵押合同方能有效，否则，抵押合同因抵押物不符合规定而无效（表 6-3）。

表 6-3 抵押财产的范围

可以抵押的财产	不可以抵押的财产
《物权法》第 180 条规定，债务人或者第三人有权处分的下列财产可以抵押：①建筑物和其他地上附着物；②建设用地使用权；③以招标、拍卖、公开协商等方式取得的荒地等土地承包经营权；④生产设备、原材料、半成品、产品；⑤正在建造的建筑物、船舶、航空器；⑥交通运输工具；⑦法律、行政法规未禁止抵押的其他财产。抵押人可以将以上所列财产一并抵押。	《物权法》第 184 条规定，下列财产不得抵押：①土地所有权；②耕地、宅基地、自留地、自留山等集体所有的土地使用权，但法律规定可以抵押的除外；③学校、幼儿园、医院等以公益为目的的事业单位、社会团体的教育设施、医疗卫生设施和其他社会公益设施；④所有权、使用权不明或者有争议的财产；⑤依法被查封、扣押、监管的财产；⑥法律、行政法规规定不得抵押的其他财产。

168. 农作物可以抵押吗？农作物抵押应当注意什么问题？

农作物包括与土地分离的农作物和尚未与土地分离的农作物。前者属于产品，后者属于地上附着物，根据《物权法》的规定都可以作为抵押财产。但是，农作物作为地上附着物时设定抵押，其土地使用权是否一并发生抵押，《物权法》对此未作规定。根据《担保法司法解释》第 52 条的规定，“当事人以农作物和与其尚未分离的土地使用权同时抵押的，土地使用权部分的抵押无效”。因为种植农作物的土地属于耕地，耕地属于不可以抵押的财产。

169. 以建筑物抵押的，该建筑物占用范围内的建设用地使用权是否一并抵押？以建设用地使用权抵押的，土地上新增的房屋属于抵押财产吗？

根据《物权法》第 182 条的规定，以建筑物抵押的，该建筑物占用范围内的建设用地使用权一并抵押。反之，以建设用地使用权抵押的，该土地上的建筑物一并抵押。抵押人未将上述财产一并抵押的，未抵押财产视为一并抵押。但是，如果以建设用地使用权设定抵押的，土地上新增的房屋不属于抵押物。抵押权实现时，可以依法将该土地上新增的房屋与抵押物一同变价。但对新增房屋的变价所得，抵押权人无权优先受偿。因此，“地随房走，房随地走，房地一体”，特指设定抵押时，建筑物已经存在的情形。

另外，《物权法》第 183 条规定：“乡镇、村企业的建设用地使用权不得单独抵押。以乡镇、村企业的厂房等建筑物抵押的，其占用范围内的建设用地使用权一并抵押。”

170. 土地承包经营权可以抵押吗？耕地、宅基地、自留地、自留山等集体所有的土地使用权可以抵押吗？

根据《物权法》第 180 条第 1 款第 3 项的规定，以招标、拍卖、公开协商等方式取得的荒地等土地承包经营权，可以抵押。这一规定说明，并非所有的土地承包经营权都可以抵押，只有以招标、拍卖、公开协商等方式取得的荒地等土地承包经营权，才可以抵押。

根据《物权法》第 184 条的规定，耕地、宅基地、自留地、自留山等集体所有的土地使用权，原则上不得抵押，但法律规定可以抵押的除外。法律规定的例外主要有 2 种。一是以招标、拍卖、公开协商等方式取得的荒地等土地承包经营权，可以抵押。二是乡镇、村企业的建设用地使用权不得单独抵押。以乡镇、村企业的厂房等建筑物抵押的，其占用范围内的建设用地使用权一并抵押。因此，只能“地随房走”，不能“房随地走”。而且，这 2 种财产进行抵押的，在实现抵押权后，未经法定程序不能改变土地集体所有和土地用途。

171. 林权可以抵押吗？具体有哪些林权可以抵押？哪些林权不可抵押？林权抵押贷款重点满足的对象是哪些？

2013 年中国银监会和国家林业局发布《关于林权抵押贷款的实施意见》(银监发[2013]32 号)，明确规定银行业金融机构要积极开展林权抵押贷款业务，可以接受借款人以其本人或第三人合法拥有的林权作抵押担保发放贷款。

可抵押林权具体包括用材林、经济林、薪炭林的林木所有权和使用权及相应林地使用权；用材林、经济林、薪炭林的采伐迹地、火烧迹地的林地使用权；国家规定可以抵押的其他森林、林木所有权、使用权和林地使用权。

不可以抵押的林权，根据文件的规定，银行业金融机构不应接受的林权抵押主要分为两大类。第一，无法处置变现的林权。银行业金融机构不应接受无法处置变现的林权作为抵押财产，包括水源涵养林、水土保持林、防风固沙林、农田和牧场防护林、护岸林、护路林等防护林所有权、使用权及相应的林地使用权，以及国防林、实验林、母树林、环境保护林、风景林、名胜古迹和革命纪念地的林木，自然保护区的森林等特种用途林所有权、使用权及相应的林地使用权。第二，未依法办理林权登记、权属不清的林木、林地等。申请办理林权抵押贷款时，银行业金融机构应要求借款人提交林权证原件。银行业金融机构不应接受未依法办理林权登记、权属不清或存在争议的森林、林木和林地作为抵押财产，也不应接受国家规定不得抵押的其他财产作为抵押财产。

林权抵押贷款要重点满足农民等主体的林业生产经营、森林资源培育和开发、林下经济发展、林产品加工的资金需求，以及借款人其他生产、生活相关的资金需求。

172. 林权抵押应当办理登记吗？申请人办理林权抵押登记时，应当提供哪些材料？已经办理林权抵押登记后，可以办理变更吗？办理林权抵押登记收费吗？

银行业金融机构除了要求借款人提交林权证原件外，还要在抵押借款合同中明确要求借款人在林权抵押贷款合同签订后，及时向属地县级以上林权登记机关申请办理抵押登记。

县级以上地方人民政府林业主管部门负责办理林权抵押登记。林权登记机关在受理林权抵押登记申请时，应要求申请人提供林权抵押登记申请书、借款人（抵押人）和抵押权人的身份证明、抵押借款合同、林权证及林权权利人同意抵押意见书、抵押林权价值评估报告（拟抵押林权需要评估的）以及其他材料。林权登记机关应对林权证的真实性、合法性进行确认。对经审核符合登记条件的，林权登记机关在办理抵押登记时，应在抵押林权的林权证的“注记”栏内载明抵押登记的主要内容，发给抵押权人《林权抵押登记证明书》等证明文件，并在抵押合同上签注编号、日期，经办人签字、加盖公章。

各级林业登记机关要做好已抵押林权的登记管理工作，将林权抵押登记事项如实记载于林权登记簿，以备查阅。对于已全部抵押的林权，不得重复办理抵押登记。除取得抵押权人书面同意外，不予办理林权变更登记。

办理抵押登记不得收取任何费用。

173. 以农村集体经济组织统一经营管理的林权、林业专业合作社管理的林权，以及公司拥有的林权、共有林权、承包经营的林权等办理林权抵押的，应当提供哪些证明材料？

根据银监发[2013]32 号文件的规定，分别应当提供以下证明材料：①以农村集体经济组织统一经营管理的林权进行抵押的，银行业金融机构应要求抵押人提供依法经本集体经济组织 2/3 以上成员同意或者 2/3 以上村民代表同意的决议，以及该林权所在地乡（镇）人民政府同意抵押的书面证明；②林业专业合作社办理林权抵押的，银行业金融机构应要求抵押人提供理事会通过的决议书；③有限责任公司、股份有限公司办理林权抵押的，银行业金融机构应要求抵押人提供经股东会、股东大会或董事会通过的决议或决议书；④以共有林权抵押的，银行业金融机构应要求抵押人提供其他共有人的书面同意意见书；⑤以承包经营方式取得的林权进行抵押的，银行业金融机构应要求抵押人提供承包合同；⑥以其他方式承包经营或流转取得的林权进行抵押的，银行业金融机构应要求抵押人提供承包合同或流转合同和发包方同意抵押意见书。

174. 以森林或者林木资产抵押的，其林地使用权是否同时抵押？银行业金融机构开展林权抵押贷款业务，抵押林权是否应当进行评估？如何收取评估费？

银行业金融机构要根据抵押目的与借款人、抵押人商定抵押财产的具体范围，并在书面抵押合同中予以明确。以森林或林木资产抵押的，可以要求其林地使用权同时抵押，但不得改变林地的性质和用途。

银行业金融机构开展林权抵押贷款业务，要建立抵押财产价值评估制度，对抵押林权进行价值评估。对于贷款金额在30万元以上（含30万元）的林权抵押贷款项目，抵押林权价值评估应坚持保本微利原则、按照有关规定执行；具备专业评估能力的银行业金融机构，也可以自行评估。对于贷款金额在30万元以下的林权抵押贷款项目，银行业金融机构要参照当地市场价格自行评估，不得向借款人收取评估费。

175. 已取得林木采伐许可证且尚未实施采伐的林权，可以抵押吗？抵押期间，抵押人可以对林木进行采伐吗？

对于已取得林木采伐许可证且尚未实施采伐的林权抵押的，银行业金融机构要明确要求抵押人将已发放的林木采伐许可证原件提交银行业金融机构保管，双方向核发林木采伐许可证的林业主管部门进行备案登记。林权抵押期间，未经抵押权人书面同意，抵押人不得进行林木采伐。

176. 如何订立抵押合同？抵押合同必须经过登记才能生效吗？

订立抵押合同应当注意抵押合同的形式和内容。

根据《物权法》第185条的规定，当事人应当采取书面形式订立抵押合同。抵押合同一般包括下列条款：①被担保债权的种类和数额；②债务人履行债务的期限；③抵押财产的名称、数量、质量、状况、所在地、所有权归属或者使用权归属；④担保的范围。

《物权法》并没有规定抵押合同应当登记才能生效，因此，抵押合同能否生效不以是否办理登记为判断依据。但是，《物权法》对特定财产的抵押规定了登记制度,不登记不能取得抵押权(见166问)。就像张三要买李四的房子,双方依法签订了房屋买卖合同,该合同不需要登记就生效,也就是说对双方具有约束力,但是,合同生效并不代表张三就取得了李四房屋的所有权,房屋所有权的取得还应当办理房屋过户登记手续。

177. 抵押合同和质押合同中约定"债务人不履行到期债务时抵押财产归债权人所有",这样的约定有效吗?

《物权法》第186条规定:"抵押权人在债务履行期届满前,不得与抵押人约定债务人不履行到期债务时抵押财产归债权人所有。"根据这一规定,抵押合同中约定,"债务人不履行到期债务时抵押财产归债权人所有",是无效的。该条款在学理上称为"流押条款",因其订立可能显示公平,因而被法律所禁止。如果抵押合同的其他条款符合法律规定,该条款无效不影响其他条款的效力,其他条款仍然有效。同样,如果在质押合同中有上述条款,该条款在学理上称为"流质条款",也属无效条款。

178. 设定抵押的财产由谁占有?抵押物产生的孳息由谁取得?抵押物孳息,可以抵作债务吗?

根据《物权法》第179条的规定,设定抵押的财产由抵押人占有,因此抵押物产生的孳息由抵押人取得。所谓孳息,是指物或者权益而产生的收益,包括天然孳息和法定孳息。天然孳息是原物根据自然规律产生的物,如幼畜、果实等。法定孳息是原物根据法律规定由一定法律关系产生的物,如存款利息、股利、租金等。

但是,根据《物权法》第197条的规定,债务人不履行到期债务或者发生当事人约定的实现抵押权的情形,致使抵押财产被人民法院依法扣押的,自扣押之日起抵押权人有权收取该抵押财产的天然孳息或者法定孳息，但抵押权人未通知应当清偿法定孳息的义务人的除外。

《物权法》第 197 条第 2 款规定，抵押权人收取的孳息应当先充抵收取孳息的费用。例如，张三向李四借钱，将 1 头母猪抵押给李四，在抵押期间这头母猪仍然由张三喂养。如果张三到期不向李四还钱，李四请求法院扣押抵押的母猪，该母猪由李四喂养，在这期间母猪所产的幼崽即孳息。李四作为抵押权人就收取的该孳息先充抵其喂养母猪所花费的费用，如果有剩余价值的，可以考虑抵作债务。

179. 同一财产向 2 个以上债权人抵押的，如何确定清偿顺序？已经出租的财产，可以抵押吗？已经抵押的财产，可以出租吗？

根据《物权法》及司法解释的规定，在一物之上可以设定多个抵押权，但是，抵押人所担保的债权超出其抵押物价值的，超出部分不具有优先受偿的效力。例如，甲向 A 银行贷款 30 万元，甲将其厂房抵押给 A 银行，该厂房评估价值为 50 万元。之后，甲又向 B 银行贷款 20 万元，将该厂房抵押给 B 银行，但是，如果甲向 B 银行的贷款为 30 万元，由于债权额超出了抵押物的价值，B 银行就超出的 10 万元债权不享有优先受偿的权利。法律在明确了同一财产上可以设定多个抵押权的前提下，同样明确了如何确定债权人的清偿顺序。《物权法》第 199 条规定：“同一财产向 2 个以上债权人抵押的，拍卖、变卖抵押财产所得的价款依照下列规定清偿：①抵押权已登记的，按照登记的先后顺序清偿；顺序相同的，按照债权比例清偿；②抵押权已登记的先于未登记的受偿；③抵押权未登记的，按照债权比例清偿。”

已经出租的财产可以抵押。《物权法》第 190 条规定：“订立抵押合同前抵押财产已出租的，原租赁关系不受抵押权的影响。”因为租赁合同转移的是财产的使用权，所有权并没有转移，因此，尽管某财产已经出租，但是财产的权利人依然可以将其抵押。同时，由于租赁关系发生在抵押关系之前，因此，原来的租赁关系不受抵押权的影响。例如，甲将其房屋出租给乙，甲乙之间发生租赁关系，在租赁期间甲向银行贷款，将该房屋抵押给银行。但是，甲乙之间的租赁关系继续存在。

如果债务人不履行到期债务，抵押权人有权要求法院通过折价、拍卖、变卖等方式得到的变价款优先得到清偿。因为《担保法司法解释》第 65 条规定：“抵押人将已出租的财产抵押的，抵押权实现后，租赁合同在有效期内对抵押物的受让人继续有效。”在上例中，如果甲因不能向银行偿还到期债务，银行请求法院将甲的抵押房屋进行拍卖，该房屋被丙买下，丙取得该房屋的所有权。同时，司法解释规定，如果该房屋的承租人乙要求继续租用该房屋，丙应当接受。在学理上被称之为“买卖不破租赁”。

已经抵押的财产同样也可以出租。但是，应当注意《物权法》190 条规定，抵押权设立后抵押财产出租的，该租赁关系不得对抗已登记的抵押权。对这条规定的理解，应当注意以下几点。第一，该财产设定抵押在前，出租在后。因为抵押不转移财产的占有，该财产依然由抵押人占有，因此设定抵押后的财产，抵押人有权将其出租。第二，租赁关系不得对抗已登记的抵押权。意味着如果抵押权人即债权人，因为债务人不履行到期债务，请求法院将抵押财产折价、拍卖或者变卖时，承租人不得拒绝。由于租赁关系发生在抵押之后，且该财产已经办理登记。

180. 抵押期间，抵押人可以转让抵押物吗？

《物权法》第 191 条第 1 款规定：“抵押期间，抵押人经抵押权人同意转让抵押财产的，应当将转让所得的价款向抵押权人提前清偿债务或者提存。转让的价款超过债权数额的部分归抵押人所有,不足部分由债务人清偿。"由此规定可见,抵押期间抵押人可以转让抵押物,但是一定要注意以下几点。第一,抵押人转让抵押物应当经抵押权人同意。第二,转让抵押物所得的价款向抵押权人提前清偿债务或者提存。因为,在抵押期间转让抵押财产,既说明主债务履行期限尚未届满,又说明抵押财产提前变现,因此使得债权人的债权能够提前得以实现,这对抵押权人即债权人的利益并无损害。所谓提存,是指抵押权人即债权人在不接受提前清偿债务的情形下,抵押人将转让抵押财产所得的价款交给提存机关保存,以终止债权人和债务人之间权利义务关系的行为。

但是,抵押期间如果抵押人未经抵押权人同意,转让抵押财产的,应当如何处理呢? 根据《物权法》第 191 条第 2 款的规定,虽然抵押期间,抵押人未经抵押权人同意不得转让抵押财产,但受让人代为清偿债务消灭抵押权的除外。因为受让人受让了抵押财产,即对抵押人负有支付抵押财产价款的义务,抵押人以此价款用于提前清偿债务,但是,此时如果受让人代替抵押人向抵押权人清偿债务,达到与抵押人清偿债务相同的结果,因此也为法律所允许。

181. 抵押期间,如果抵押财产价值减少的,怎么办?在抵押期间,发生抵押物灭失、毁损或者被征收的情况下,抵押权人还能实现抵押权吗?

由于抵押期间,抵押物由抵押人占有,如果因为抵押人因保管不善,可能导致抵押物价值减少,从而损害抵押权人的利益。为了保护抵押权人的合法权益,《物权法》第 193 条对此情形作出规定,即"抵押人的行为足以使抵押财产的价值减少的,抵押权人有权要求抵押人停止其行为。抵押财产价值减少的,抵押权人有权要求恢复抵押财产的价值,或者提供与减少价值相应的担保。抵押人不恢复抵押财产的价值也不提供担保的,抵押权人有权要求债务人提前清偿债务。”这条规定,分别几种情况为抵押权人提供了解决的方式。第一,抵押人的行为足以使抵押财产价值减少的,首先要求抵押人停止其行为。第二,抵押财产的价值确已发生减少的,有权要求恢复抵押财产的价值,或者提供与减少价值相应的担保。第三,抵押人不恢复抵押财产的价值也不提供担保的,有权要求提前清偿债务。

《物权法》第 174 条规定:“担保期间,担保财产毁损、灭失或者被征收等,担保物权人可以就获得的保险金、赔偿金或者补偿金等优先受偿。被担保债权的履行未届满的,也可以提存该保险金、赔偿金或者补偿金等。”根据该条的规定,在抵押物灭失、毁损或者被征收的情况下,如果该抵押物因为投保而从保险人处获得保险金,因为他人的侵害而获得赔偿金,或者因为被征收而获得补偿金,那么抵押权人可以在保险金、赔偿金或者补偿金的范围内享有优先受偿权。此为物权担保所具有的物上代位性。但是,如果该抵押财产没有保险,也不是他人的原因导致其灭失、毁损,也不存在国家征收的情形,在其发生灭失、毁损的情形下,则抵押权人无法实现其抵押权。

182. 抵押权人如何实现抵押权?

《物权法》第 195 条第 1 款规定:“债务人不履行到期债务或者发生当事人约定的实现抵押权的情形,抵押权人可以与抵押人协议以抵押财产折价或者以拍卖、变卖该抵押财产所得的价款优先受偿。协议损害其他债权人利益的,其他债权人可以在知道或者应当知道撤销事由之日起 1 年内请求人民法院撤销该协议。”由此规定可见,抵押权人实现其抵押权应当注意以下问题。

首先,抵押权的实现发生债务人不履行到期债务或者当事人约定的实现抵押权的情形下,如果债务人履行了到期债务,则主债权消灭,抵押权也消灭。

其次,抵押权人的优先受偿权以抵押物的变现价款实现。由于一般情况下,抵押财产由抵押人占有,因此抵押权人须与抵押人协议抵押财产的变现方式。但是,如果双方不能就此达成协议的,根据该条第2款的规定,抵押权人可以请求法院拍卖、变卖抵押财产。

再次,关于抵押财产折价、变卖的价格标准问题。该条第3款规定,应当参照市场价格。也就是说,如果抵押人与抵押权人协议以折价、变卖方式处置抵押物的,价格低于普遍市场价格的,在该抵押物上设定多个抵押权时,则有可能损害其他抵押权人即债权人的利益,其他债权人可以在知道或者应当知道该事由之日起1年内请求法院撤销该协议。协议一旦被法院撤销,自始即不存在。

最后,抵押权人实现其抵押权的,还应当注意权利行使的诉讼时效。《物权法》第202条规定:“抵押权人应当在主债权诉讼时效期间行使抵押权;未行使的,人民法院不予保护。”例如,甲与某银行订立借款合同,双方约定甲向银行贷款8万元,于2009年12月31日全部偿还贷款本息,甲将其运输车辆抵押给银行。如果甲不能偿还到期银行贷款,根据《民法通则》的规定,银行可以对甲提起诉讼的期间为2年,截止到2011年12月31日,此为主债权的诉讼时效期间。根据以上规定,银行行使抵押权的诉讼时效期间同主债权的诉讼时效期间。

183. 什么是最高额抵押?如何确定抵押权人的债权额?如果实际发生的债权余额与最高额不一致时,怎么办?

最高额抵押,是指为担保债务的履行,债务人或者第三人对一定期间内将要连续发生的债权提供担保财产的,债务人不履行到期债务或者发生当事人约定的实现抵押权的情形，抵押权人有权在最高债权额限度内就该担保财产优先受偿的情形。例如，甲可能在未来 3 年内多次向某银行申请小额贷款，于是甲将其评估价值约 100 万元的厂房抵押给银行，以此为将来可能发生的总金额在 100 万元以内的债权提供抵押担保。

最高额抵押的设定不以已经存在的债权为前提，而是对将来发生的债作担保。但是，根据《物权法》第 203 条第 2 款的规定，最高额抵押权设定前已经存在的债权，经当事人同意，可以转入最高额抵押担保的债权范围。

由于最高额抵押是为将来一定期间发生的债权提供的担保，那么，抵押权人的债权如何确定。《物权法》第 206 条规定，有下列情形之一的，抵押权人的债权确定：①约定的债权确定期间届满，如上例 3 年期限届满；②没有约定债权确定期间或者约定不明确，抵押权人或者抵押人自最高额抵押权设定之日起满 2 年后请求确定债权；③新的债权不可能发生；④抵押财产被查封、扣押；⑤债务人、抵押人被宣告破产或者被撤销；⑥法律规定债权确定的其他情形。

抵押权人实现最高额抵押权时，如果实际发生的债权余额高于最高限额的，以最高限额为限，超过部分不具有优先受偿的效力；如果实际发生的债权余额低于最高限额的，以实际发生的债权余额为限对抵押物优先受偿。

184. 什么是浮动抵押？哪些企业或经济组织可以采用浮动抵押？浮动抵押的财产有哪些？浮动抵押的财产范围何时能确定？

根据《物权法》第 181 条的规定："经当事人书面协议，企业、个体工商户、农业生产经营者可以将现有的以及将有的生产设备、半成品、产品抵押，债务人不履行到期债务或者发生当事人约定的实现抵押权的情形，债权人有权就实现抵押权时的动产优先受偿。”该条是关于浮动抵押的规定。浮动抵押的适用必须注意以下几点。第一，只能由特定的主体设立，即企业、个体工商户、农业生产经营者。第二，只能以特定的动产设定抵押，即现有的以及将有的生产设备、原材料、半成品、成品，不包括不动产。第三，浮动抵押的设立以合同为生效条件，不以登记为要件。但是，不登记的，抵押权不能对抗善意第三人。

由于动产浮动抵押包括抵押人现有或者将有的生产设备、原材料、半成品、成品，因此在抵押权实现之前有一个抵押财产确定的程序，称之为“结晶”程序。根据《物权法》第 196 条的规定，浮动抵押财产自下列情形之一发生时确定：①债务履行期届满，债权未实现；②抵押人被宣告破产或者被撤销；③当事人约定的实现抵押权的情形；④严重影响债权实现的其他情形。

185. 什么是质押？哪些财产或权利可以质押？什么是质权？质权人取得质权一定要占有质物吗？质押合同一般包括什么条款？

关于质押的概念已经在前面做过介绍(表 6-2)。

质押分为动产质押和权利质押。动产相对于不动产而言，是指可以移动且不会损害其价值的财产，如汽车、农机具等。可以作为权利质押的权利有：①汇票、支票、本票；②债券、存款单；③仓单、提单；④可以转让的基金份额、股权；⑤可以转让的注册商标专用权、专利权、著作权等知识产权中的财产权；⑥应收账款等。

所谓质权，根据《物权法》第 208 条的规定是指，为担保债务的履行，债务人或者第三人将其动产或权利凭证出质给债权人占有的，债务人不履行到期债务或者发生当事人约定的实现质权的情形，债权人有权就该质物优先受偿的权利。

根据《物权法》的规定，质权自质物移交给质权人占有时设立。因此，只有出质人将出质的财产移交给债权人占有，债权人才能取得质权。

设定质押，出质人和质权人应当以书面形式订立质押合同。质押合同一般包括下列条款：①被担保债权的种类和数额；②债务人履行债务的期限；③质押财产的名称、数量、质量、状况；④担保的范围；⑤质押财产交付的时间。

但是，质权人在债务履行期届满前，不得与出质人约定债务人不履行到期债务时质押财产归债权人所有。

186. 质权人有权收取质押财产的孳息吗？

关于孳息的概念，在前面的问题当中已经做过解释（见 178 问）。

由于债权人（质权人）在质押期间占有质物，因此质权人有权收取质押财产所生的孳息，但质押合同另有约定的除外。也就是说，在质押合同中，出质人和质权人就质押财产所产生的孳息的归属问题作出约定的情况下，就归质权人收取，但是如果双方约定了由出质人收取的，则按照约定执行。

关于孳息的处理问题，我们在有关抵押的问题中已经介绍（见 178 问）。

187. 质押期间，质权人可以使用、处分质押财产吗？质押财产发生毁损、灭失的，应当由谁承担责任？质权人还享有优先受偿权吗？

在质押期间，原则上来说，由于质权人对质物不享有所有权，并负有妥善保管义务，因此不得使用、处分质押财产。为此，《物权法》第 214 条作出明确规定，质权人在质权存续期间，未经出质人同意，擅自使用、处分质押财产，给出质人造成损害的，应当承担赔偿责任。由此可见，质权人能否使用、处分质押财产必须经出质人同意，否则，为此造成的损失，质权人应当向出质人承担赔偿责任。

质押财产发生毁损、灭失，应当由谁承担责任的问题，需要区分是否由于质权人的原因所致，《物权法》第 215 条和第 216 条分别对此作出规定。第 215 条规定："质权人负有妥善保管质押财产的义务；因保管不善致使质押财产毁损、灭失的，应当承担赔偿责任。质权人的行为可能使质押财产毁损、灭失的，出质人可以要求质权人将质押财产提存，或者要求提前清偿债务并返还质押财产。"第 216 条规定："因不能归责于质权人的事由可能使质押财产毁损或者价值明显减少，足以危害质权人权利的，质权人有权要求出质人提供相应的担保；出质人不提供的，质权人可以拍卖、变卖质押财产，并与出质人通过协议将拍卖、变卖所得的价款提前清偿债务或者提存。"

《物权法》第 174 条规定："担保期间，担保财产毁损、灭失或者被征收等，担保物权人可以就获得的保险金、赔偿金或者补偿金等优先受偿。被担保债权的履行期未届满的，也可以提存该保险金、赔偿金或者补偿金等。"根据该条的规定，在质物灭失、毁损或者被征收的情况下，如果该质物因为投保而从保险人处获得保险金，因为他人的侵害而获得赔偿金，或者因为被征收而获得补偿金，那么质权人可以在保险金、赔偿金或者补偿金的范围内享有优先受偿权。此为物权担保所具有的物上代位性。但是，如果该质押财产没有保险，也不是他人的原因导致其灭失、毁损，也不存在国家征收的情形，在其发生灭失、毁损的情形下，则质权人无法实现其质权。

188. 质权人占有质物后，可以将质物再设定质权吗？转质权的设立应当符合什么条件？

质权人在质权存续期间，为担保自己的债务，经出质人同意，以其所占有的质物为第三人设定质权的，称之为转质权。如甲向乙借款，甲乙之间存在借款合同；为担保该笔债务，甲将其汽车质押给乙占有，乙为此就该质押汽车享有质权，即在甲不能按期偿还借款时，将该质押汽车通过拍卖、变卖等方式予以变现，从而得到清偿。如果乙与丙之间又发生债务关系，为担保该笔债务，乙将占有的质押汽车，出质给丙，并取得该质押汽车的质权，即属于转质权。

转质权设立的前提条件是，须经出质人同意。此外，转质权的设定应当在原质权所担保的债权范围内，超过的部分不具有优先受偿的效力。如上例中，甲将汽车出质于乙，所担保债权的金额为 3 万元，后乙将该汽车转质押于丙，所担保的债权金额如果是 5 万元，则超过部分的 2 万元，丙不享有质权，即优先受偿的效力。

189. 汇票、支票、本票、债券、存款单、仓单、提单可以质押吗？应当办理什么手续？质权什么时候设立？

根据《物权法》第 223 条的规定，汇票、支票、本票、债券、存款单、仓单、提单都可以质押。

同时，根据《物权法》第 224 条的规定，以汇票、支票、本票、债券、存款单、仓单、提单出质的，当事人应当订立书面合同。质权自权利凭证交付质权人时设立；没有权利凭证的，质权自有关部门办理出质登记时设立。但是，有关交付的概念，对于以上不同的权利凭证，其具体要求有所不同。如根据《票据法》的规定，汇票、支票、本票的交付应当采用背书的方面，有关背书的形式法律作出了明确的规定；又如，债券因其属于记名债券还是无记名债券的种类不同，其交付的方式也有所区别。因此，涉及此类权利凭证的交付，还应当考虑相关法律的具体要求，否则，不能产生交付的法律效力，也就不能设定质权。

190. 基金份额、股权可以质押吗？应当如何办理质押手续？

根据《物权法》第 223 条的规定，可以转让的基金份额、股权可以质押。那么，哪些基金份额、股权是可以转让的，应当结合《公司法》、《证券法》、《证券投资基金法》等相关法律的规定加以分析。

以基金份额、股权出质的，根据《物权法》第 226 条的规定，当事人应当订立书面合同。以基金份额、证券登记结算机构登记的股权出质的，质权自登记结算机构办理出质登记时设立；以其他股权出质的，质权自工商行政管理部门办理出质登记时设立。由此可见，对于不同的股权，其登记的机构也不同。证券登记结算机构登记的股权，一般是指上市公司可以自由转让的股权；工商行政管理部门办理登记的股权，通常是指有限责任公司的股权，或未上市的股份有限公司的股权。

191. 商标专用权、专利权、著作权可以质押吗？应当如何设立质权？

根据《物权法》第 223 条的规定，可以转让的注册商标专用权、专利权、著作权等知识产权中的财产权可以质押。根据有关知识产权方面的法律规定，知识产权包括人身权和财产权 2 个方面。其中，由于人身权利受到转让、继承的限制，因此，可以质押的知识产权限于其财产权利部分。

注册商标专用权、专利权、著作权中的财产权利出质的，当事人应当订立书面合同。质权自有关主管部门办理出质登记时设立。如注册商标专用权的出质由商标局登记；专利权的出质由专利局登记；著作权出质由版权局登记等。

此外，《物权法》第 227 条的第 2 款对知识产权的财产权利出质后，还作出了一些限制性规定。即“知识产权中的财产权出质后，出质人不得转让或者许可他人使用，但经出质人与质权人协商同意的除外。出质人转让或者许可他人使用出质的知识产权中的财产权所得的价款，应当向质权人提前清偿债务或者提存。”

192. 应收账款可以质押吗？应当办理什么手续？

根据《物权法》第 223 条的规定，应收账款也可以出质。以应收账款出质的，当事人应当订立书面合同。质权自信贷征信机构办理出质登记时设立。

应收账款出质后，不得转让，但经出质人与质权人协商同意的除外。出质人转让应收账款所得的价款，应当向质权人提前清偿债务或者提存。

193. 什么是最高额质押合同？

最高额质押，是指为担保债务的履行，债务人或者第三人对一定期间内将要连续发生的债权提供担保财产的，债务人不履行到期债务或者发生当事人约定的实现质权的情形，质权人有权在最高债权额限度内就该担保财产优先受偿的情形。最高额质押与最高额抵押的基本原理是一致的(见 183 问)。

第七章 扶持政策

194. 农村金融的扶持政策,主要有哪些?

关于农村金融的扶持政策,主要体现在财政及税务等部门的一些文件中,在第一篇总论中已经对此作了介绍(见5问)。

195. 对金融机构农户小额贷款,有哪些税收优惠政策?

为支持农村金融发展,解决农民贷款难问题,经国务院批准,2010年财政部和国家税务总局联合发布《关于农村金融有关税收政策的通知》(财税[2010]4号)。通知指出:第一,自2009年1月1日至2013年12月31日,对金融机构农户小额贷款的利息收入,免征营业税。第二,自2009年1月1日至2013年12月31日,对金融机构农户小额贷款的利息收入在计算应纳税所得额时,按90%计入收入总额。

金融机构应对符合条件的农户小额贷款利息收入进行单独核算,不能单独核算的不得适用上述规定的优惠政策。

此外,财政部和国家税务总局发布《关于中国扶贫基金会小额信贷试点项目税收政策的通知》(财税[2010]35号),就中国扶贫基金会小额信贷试点项目有关税收政策通知规定:第一,中和农信项目管理有限公司和中国扶贫基金会举办的农户自立服务社(中心)从事农户小额贷款取得的利息收入,按照《财政部国家税务总局关于农村金融有关税收政策的通知》(财税[2010]4 号)第一条、第二条规定执行营业税和企业所得税优惠政策。第二,中和农项目管理有限公司和中国扶贫基金会举办的农户自立服务社(中心)应对符合条件的农户小额贷款利息收入进行单独核算,不能单独核算的不得适用本通知规定的优惠政策。第三,已征的应予免征的营业税税款,在以后的应纳营业税税额中抵减或者予以退税。另外,鉴于中国扶贫基金会为规范小额信贷的管理,逐步将下属的农户自立服务社(中心)转型为由中和农信项目管理有限公司独资成立的小额贷款公司。经研究,同意中和农信项目管理有限公司独资成立的小额贷款公司按照《财政部国家税务总局关于中国扶贫基金会小额信贷试点项目税收政策的通知》(财税[2010]35 号)的规定,享受有关税收优惠政策(财税[2012]33 号)。

196. 如何界定金融机构对农户小额贷款的行为?

根据财政部和国家税务总局联合发布的《关于农村金融有关税收政策的通知》(财税[2010]4 号)规定,本通知所称农户是指长期(1 年以上)居住在乡镇(不包括城关镇)行政管理区域内的住户,还包括长期居住在城关镇所辖行政村范围内的住户和户口不在本地而在本地居住 1 年以上的住户,国有农场的职工和农村个体工商户。位于乡镇(不包括城关镇)行政管理区域内和在城关镇所辖行政村范围内的国有经济的机关、团体、学校、企事业单位的集体户;有本地户口,但举家外出谋生 1 年以上的住户,无论是否保留承包耕地均不属于农户。农户以户为统计单位,既可以从事农业生产经营,也可以从事非农业生产经营。农户贷款的判定应以贷款发放时的承贷主体是否属于农户为准。本通知所称小额贷款,是指单笔且该户贷款余额总额在 5 万元以下(含 5 万元)的贷款。

197. 金融机构涉农贷款和中小企业贷款，有什么税收优惠政策？

根据财政部和国家税务总局发布的《关于金融企业涉农贷款和中小企业贷款损失准备金税前扣除政策的通知》（财税[2009]99号）规定，金融企业根据《贷款风险分类指导原则》（银发[2001]416号），对其涉农贷款和中小企业贷款进行风险分类后，按照以下比例计提的贷款损失专项准备金，准予在计算应纳税所得额时扣除：①关注类贷款，计提比例为2%；②次级类贷款，计提比例为25%；③可疑类贷款，计提比例为50%；④损失类贷款，计提比例为100%。金融企业发生的符合条件的涉农贷款和中小企业贷款损失，应先冲减已在税前扣除的贷款损失准备金，不足冲减部分可据实在计算应纳税所得额时扣除。

本通知自2008年1月1日起至2010年12月31日止执行。经国务院批准，上述规定继续执行至2013年12月31日（财税[2011]104号）。

198. 如何界定涉农贷款和小企业贷款？

根据财政部和国家税务总局发布的《关于金融企业涉农贷款和中小企业贷款损失准备金税前扣除政策的通知》（财税[2009]99号）规定，本通知所称涉农贷款，是指《涉农贷款专项统计制度》（银发[2007]246号）统计的以下贷款。本条所称农户贷款，是指金融企业发放给农户的所有贷款。农户贷款的判定应以贷款发放时的承贷主体是否属于农户为准。农户，是指长期（1年以上）居住在乡镇（不包括城关镇）行政管理区域内的住户，还包括长期居住在城关镇所辖行政村范围内的住户和户口不在本地而在本地居住1年以上的住户，国有农场的职工和农村个体工商户。位于乡镇（不包括城关镇)行政管理区域内和在城关镇所辖行政村范围内的国有经济的机关、团体、学校、企事业单位的集体户;有本地户口,但举家外出谋生1年以上的住户,无论是否保留承包耕地均不属于农户。农户以户为统计单位,既可以从事农业生产经营,也可以从事非农业生产经营。本条所称农村企业及各类组织贷款,是指金融企业发放给注册地位于农村区域的企业及各类组织的所有贷款。农村区域,是指除地级及以上城市的城市行政区及其市辖建制镇之外的区域。本通知所称中小企业贷款,是指金融企业对年销售额和资产总额均不超过2亿元的企业的贷款。

199. 对农村信用社、村镇银行、农村资金互助社等金融机构,有什么税收优惠政策?

根据财政部和国家税务总局联合发布的《关于农村金融有关税收政策的通知》(财税[2010]4号)的第三条规定,自2009年1月1日至2011年12月31日,对农村信用社、村镇银行、农村资金互助社、由银行业机构全资发起设立的贷款公司、法人机构所在地在县(含县级市、区、旗)及县以下地区的农村合作银行和农村商业银行的金融保险业收入减按3%的税率征收营业税。

2011年,财政部和国家税务总局又联合下发《关于延长农村金融机构营业税政策执行期限的通知》(财税[2011]101号),将上述税收优惠政策(财税[2010]4号第三条)延长至2015年12月31日。

上述通知所称村镇银行和农村资金互助社,都是指经中国银行监督管理委员会依据有关法律、法规批准,依法成立的银行业金融机构。

200. 金融机构与小型微型企业签订借款合同，免征印花税吗？

财政部与国家税务总局发布《关于金融机构与小型微型企业签订借款合同免征印花税的通知》（财税[2011]105 号）规定，自 2011 年 11 月 1 日起至 2014 年 10 月 31 日止，对金融机构与小型、微型企业签订的借款合同免征印花税。

201. 如何界定中型、小型及微型企业？

工信部、国家统计局、国家发改委和财政部联合发布的《关于印发中小企业划型标准规定的通知》（工信部联企业[2011]300 号），根据企业从业人员、营业收入、资产总额等指标，将中小企业划分为中型、小型、微型 3 种类型。见表 7-1。

表 7-1　中小微企业分类标准

行业分类	中小微标准	中型标准	小型标准	微型标准
农、林、牧、渔业	营业收入 20000 万元以下	营业收入 500 万元及以上	营业收入 50 万元及以上	营业收入 50 万元以下
工　业	从业人员 1000 人以下或营业收入 40000 万元以下	从业人员 300 人及以上，且营业收入 2000 万元及以上	从业人员 20 人及以上，且营业收入 300 万元及以上	从业人员 20 人以下或营业收入 300 万元以下

续表 7-1

行业分类	中小微标准	中型标准	小型标准	微型标准
建筑业	营业收入80000万元以下或资产总额80000万元以下	营业收入6000万元及以上，且资产总额5000万元及以上	营业收入300万元及以上，且资产总额300万元及以上	营业收入300万元以下或资产总额300万元以下
批发业	从业人员200人以下或营业收入40000万元以下	从业人员20人及以上，且营业收入5000万元及以上	从业人员5人及以上，且营业收入1000万元及以上	从业人员5人以下或营业收入1000万元以下
零售业	从业人员300人以下或营业收入20000万元以下	从业人员50人及以上，且营业收入500万元及以上	从业人员10人及以上，且营业收入100万元及以上	从业人员10人以下或营业收入100万元以下
交通运输业	从业人员1000人以下或营业收入30000万元以下	从业人员300人及以上，且营业收入3000万元及以上	从业人员20人及以上，且营业收入200万元及以上	从业人员20人以下或营业收入200万元以下
仓储业	从业人员200人以下或营业收入30000万元以下	从业人员100人及以上，且营业收入1000万元及以上	从业人员20人及以上，且营业收入100万元及以上	从业人员20人以下或营业收入100万元以下

续表 7-1

行业分类	中小微标准	中型标准	小型标准	微型标准
邮政业	从业人员1000人以下或营业收入30000万元以下	从业人员300人及以上，且营业收入2000万元及以上	从业人员20人及以上，且营业收入100万元及以上	从业人员20人以下或营业收入100万元以下
住宿业	从业人员300人以下或营业收入10000万元以下	从业人员100人及以上，且营业收入2000万元及以上	从业人员10人及以上，且营业收入100万元及以上	从业人员10人以下或营业收入100万元以下
餐饮业	从业人员300人以下或营业收入10000万元以下	从业人员100人及以上，且营业收入2000万元及以上	从业人员10人及以上，且营业收入100万元及以上	从业人员10人以下或营业收入100万元以下
信息传输业	从业人员2000人以下或营业收入100000万元以下	从业人员100人及以上，且营业收入1000万元及以上	从业人员10人及以上，且营业收入100万元及以上	从业人员10人以下或营业收入100万元以下
软件和信息技术服务业	从业人员300人以下或营业收入10000万元以下	从业人员100人及以上，且营业收入1000万元及以上	从业人员10人及以上，且营业收入50万元及以上	从业人员10人以下或营业收入50万元以下

续表 7-1

行业分类	中小微标准	中型标准	小型标准	微型标准
房地产开发经营	营业收入200000万元以下或资产总额10000万元以下	营业收入1000万元及以上，且资产总额5000万元及以上	营业收入100万元及以上，且资产总额2000万元及以上	营业收入100万元以下或资产总额2000万元以下
物业管理	从业人员1000人以下或营业收入5000万元以下	从业人员300人及以上，且营业收入1000万元及以上	从业人员100人及以上，且营业收入500万元及以上	从业人员100人以下或营业收入500万元以下
租赁和商务服务业	从业人员300人以下或资产总额120000万元以下	从业人员100人及以上，且资产总额8000万元及以上	从业人员10人及以上，且资产总额100万元及以上	从业人员10人以下或资产总额100万元以下
其他未列明行业	从业人员300人以下	从业人员100人及以上	从业人员10人及以上	从业人员10人以下

202. 关于中小企业信用担保机构，有哪些税收优惠政策？

根据《关于中小企业信用担保机构有关准备金企业所得税税前扣除政策的通知》(财税[2012]25号)的规定，有关税收优惠有以下几点：第一，符合条件的中小企业信用担保机构按照不超过当年年末担保责任余额1%的比例计提的担保赔偿准备，允许在企业所得税税前扣除，同时将上年度计提的担保赔偿准备余额转为当期收入。第二,符合条件的中小企业信用担保机构按照不超过当年担保费收入50%的比例计提的未到期责任准备,允许在企业所得税税前扣除,同时将上年度计提的未到期责任准备余额转为当期收入。第三,中小企业信用担保机构实际发生的代偿损失,符合税收法律法规关于资产损失税前扣除政策规定的,应冲减已在税前扣除的担保赔偿准备,不足冲减部分据实在企业所得税税前扣除。

上述政策自2011年1月1日起至2015年12月31日止执行。

203. 中小企业信用担保机构适用有关准备金企业所得税税前扣除政策,应当具备哪些条件?

《关于中小企业信用担保机构有关准备金企业所得税税前扣除政策的通知》(财税[2012]25号)中,对中小企业信用担保机构适用有关准备金企业所得税税前扣除政策的条件作出了明确的规定。具体要求有以下4项:①符合《融资性担保公司管理暂行办法》(银监会等七部委令2010年第3号)相关规定,并具有融资性担保机构监管部门颁发的经营许可证;②以中小企业为主要服务对象,当年新增中小企业信用担保和再担保业务收入占新增担保业务收入总额的70%以上(上述收入不包括信用评级、咨询、培训等收入);③中小企业信用担保业务的平均年担保费率不超过银行同期贷款基准利率的50%;④财政、税务部门规定的其他条件。上述条件必须同时满足。

204. 中小企业信用担保机构适用有关准备金企业所得税税前扣除政策,在汇算清缴时,应当向税务机关提交哪些材料?

《关于中小企业信用担保机构有关准备金企业所得税税前扣

除政策的通知》(财税[2012]25 号)中具体规定，申请享受本通知规定的准备金税前扣除政策的中小企业信用担保机构，在汇算清缴时，需报送法人执照副本复印件、融资性担保机构监管部门颁发的经营许可证复印件、具有资质的中介机构鉴证的年度会计报表和担保业务情况(包括担保业务明细和风险准备金提取等)，以及财政、税务部门要求提供的其他材料。

205. 中小企业服务体系专项补助资金，主要用于中小企业开展哪些服务业务?

《中小企业服务体系专项补助资金使用管理办法(暂行)》(财建[2004]124 号)中第 4 条规定，中小企业补助资金主要用于中小企业服务机构开展以下服务业务的补助：①培训服务，包括创业培训、中小企业经营管理及专业技术人员培训、中小企业服务机构从业人员培训和政府部门直接从事中小企业管理工作人员培训。②信用服务，包括建立中小企业信用档案，开展中小企业信用征集与评价以及诚信活动。③创业服务，指中小企业服务机构为创办小企业提供的创业指导、综合服务等活动。④管理咨询服务，指中小企业服务机构为提高中小企业管理水平开展的管理咨询、企业诊断、信息服务等活动。⑤经财政部批准的其他支出。

206. 中小企业服务体系专项补助资金，采取什么补助方式? 按照什么标准补助?

根据财政部发布的《中小企业服务体系专项补助资金使用管理办法(暂行)》(财建[2004]124 号)规定，中小企业补助资金按业务支出类别进行管理，采用无偿资助方式下达。中小企业补助资金的补助标准具体为：①培训服务业务。培训经费中的场租费、授课费和教材费可按正常标准予以全额资助，场租费、授课费和教材费得到全额资助的中小企业服务机构不得再另行收取相关费用。培训发生的食宿费可予以适当补助，每人每天补助最高不超过150元。②信用服务业务。此项经费按实际发生额予以适当补助。③创业服务业务。此项经费按实际发生额予以适当补助。④管理咨询服务业务。此项经费按实际发生额予以适当补助。

得到适当补助均属已得到政府对相关业务的部分补助，有关机构在收费时应相应降低相关收费标准。

207. 申请中小企业服务体系补助资金的企业，应当具备什么条件？

根据财政部发布的《中小企业服务体系专项补助资金使用管理办法(暂行)》(财建[2004]124号)第7条的规定，申请资助的中小企业服务机构应具备以下条件：①具有法人资格，拥有为中小企业服务相应业务的资格。②熟悉国家和地方促进中小企业发展的法律、法规和政策，熟悉行业准入、工商和税务等登记方面的政策和规定，熟悉企业设立程序，熟悉企业管理业务。③具有从事中小企业服务业务的专业人员，包括法律、技术、经济等方面的专业人员。④在申请资助的业务领域有丰富的工作经验，并有与之相关的工作业绩。⑤有固定的工作场所。⑥有健全的财务管理制度。⑦其他应符合的条件。

208. 关于新型农村金融机构定向费用补贴的政策，政府有关部门出台了哪些文件？

根据国家有关政策和规定，2009年财政部发布《中央财政新型农村金融机构定向费用补贴资金管理暂行办法》(财金[2009]31号)文件，就补贴条件、标准、程序等内容作出明确规定。

2010年财政部又发布《关于扩大农村金融机构定向费用补贴

政策范围的通知》(财金[2010]41 号)。文件规定从 2010 年至 2012 年,将费用补贴范围扩大到基础金融服务薄弱地区。中央财政对基础金融服务薄弱地区银行业金融机构网点,按照该网点当年贷款平均余额的 2%给予费用补贴。补贴资金在下一年度拨付。基础金融服务薄弱地区的范围,按照《中央财政农村金融机构定向费用补贴资金管理暂行办法》(财金[2010]42 号)执行。当年已经享受新型农村金融机构定向费用补贴的金融机构不重复享受补贴。从 2010 年度起,农村金融机构(含新型农村金融机构)补贴资金的申请、审核和拨付工作,统一执行财金[2010]42 号文件。

209. 扩大范围后的定向费用补贴政策与扩大范围前的政策如何衔接?

新型农村金融机构继续享受定向费用补贴政策。年度贷款平均余额同比增长,且符合银监会监管指标要求的新型农村金融机构,其中村镇银行存贷比高于 50%的,可享受相当于年度贷款平均余额 2%的定向费用补贴。对新型农村金融机构设立在基础金融薄弱乡镇的网点,如果该机构当年符合上述条件且已经获得补贴资金,不再重复享受对基础金融薄弱乡镇金融机构网点的补贴;如果该机构当年不符合新型农村金融机构补贴的条件,则可作为基础金融薄弱乡镇金融机构网点享受补贴。

2010 年度起,农村金融机构(含新型农村金融机构)定向费用补贴资金的申请、审核和拨付工作,统一执行《中央财政新型农村金融机构定向费用补贴资金管理暂行办法》(财金[2010]42 号),财金[2009]31 号文件终止施行。

210. 什么是新型农村金融机构定向费用补贴？该补贴适用的新型农村金融机构有哪些？

财政部印发的《中央财政新型农村金融机构定向费用补贴资金管理暂行办法》(财金[2010]42 号)规定，本办法所称新型农村金融机构定向费用补贴，是指财政部对符合规定条件的新型农村金融机构，按上年贷款平均余额给予一定比例的财政补贴。本办法所称新型农村金融机构(以下简称农村金融机构)，是指经中国银行业监督管理委员会(以下简称银监会)批准设立的村镇银行、贷款公司、农村资金互助社三类农村金融机构，以及基础金融服务薄弱地区的银行业金融机构(网点)。

办法中所称贷款平均余额，是指农村金融机构该年度每季度末贷款余额的算术平均值。具体统计口径以《中国人民银行金融统计制度》及相关通知规定为准。

211. 定向费用补贴政策扩大的范围和对象是哪些？

定向费用补贴政策扩大的范围是基础金融服务薄弱乡镇设立的金融机构网点。财政部根据银监会相关统计，确定了西部 12 省(区、市)偏远地区的 2 255 个乡(镇、村)，作为此次扩大定向费用补贴的范围。基础金融服务薄弱乡镇名单已公布。经银行业监管部门批准在这些地区设立的银行业金融机构，包括国有商业银行、股份制银行、城市商业银行、农村合作金融机构、新型农村金融机构、邮政储蓄银行等机构的网点，都可以享受补贴。

212. 新型农村金融机构定向费用补贴的条件和标准，有什么规定？

根据《中央财政农村金融机构定向费用补贴资金管理暂行办

法》(财金[2010]42号)的规定,中央财政对当年贷款平均余额同比增长的且达到银监会监管指标要求的贷款公司和农村资金互助社,当年贷款平均余额同比增长、年末存贷比高于50%且达到银监会监管指标要求的村镇银行,按其当年贷款平均余额的2%给予补贴。

中央财政对基础金融服务薄弱地区的银行业金融机构(网点),按其当年贷款平均余额的2%给予补贴。新型农村金融机构不重复享受补贴。

213. 中央财政扩大定向费用补贴政策范围的标准和条件是什么?

中央财政从2010年1月1日至2012年12月31日,对设立在西部地区基础金融服务薄弱乡镇的银行业金融机构网点,按照网点年度贷款平均余额的2%给予定向费用补贴,补贴资金由中央财政全部承担,于下一年度拨付,作为金融机构收入核算。年度贷款平均余额是指金融机构每季度末各项贷款余额的平均值,计算方法为每季度末各项贷款余额除以季度数。对当年设立的金融机构网点,年度贷款平均余额为网点设立之日起每个季度末各项贷款余额的平均值。

214. 新型农村金融机构获得的补贴资金,应当如何核算?

根据《中央财政农村金融机构定向费用补贴资金管理暂行办法》(财金[2010]42号)的规定,补贴资金于下一年度拨付,纳入金融机构收入核算。

215. 新型农村金融机构补贴资金申请、审核和拨付，按照什么程序办理？

《中央财政农村金融机构定向费用补贴资金管理暂行办法》（财金[2010]42号）的第四章，就补贴资金申请、审核和拨付程序作出规定。见表7-2。

表7-2 新型农村金融机构补贴资金申请、审核及拨付程序

申请时间	应当于每年2月20日前，向县级财政部门报送补贴资金申请书及相关材料。
申请机构	县级财政部门。
申请材料主要内容	补贴资金申请书及相关材料应当反映上年贷款平均余额、同比增长情况、申请补贴资金金额、村镇银行上年末存贷比等数据，并对农村金融机构上年度监管指标情况以及是否达到银监会要求进行说明。 不符合补贴条件的农村金融机构，应当向县级财政部门报送上年贷款情况表，包括上年贷款平均余额、同比增长情况。
审核与上报	①县级财政部门收到农村金融机构的补贴资金申请材料后，在10个工作日内出具审核意见。
	②向省级财政部门报送补贴资金申请材料。申请材料包括农村金融机构的补贴资金申请书及相关材料、贷款发放和补贴资金情况表(附1)和县级财政部门审核意见等。
	③省级财政部门在4月30日之前向财政部报送补贴资金申请材料，包括本省和各县贷款发放和补贴资金情况表(附1及附2)，并附专员办审核意见。
	④财政部审核后，据实向省级财政部门拨付补贴资金。

续表 7-2

资金拨付	①省级财政部门收到财政部拨付的补贴资金后，在 10 个工作日内转拨资金。
	②县级财政部门收到补贴资金后，在 10 个工作日内将补贴资金拨付给农村金融机构。

216. 什么是涉农贷款？涉农贷款增量奖励条件？奖励的对象有哪些？

涉农贷款，是指《中国人民银行中国银行业监督管理委员会关于建立〈涉农贷款专项统计制度〉的通知》（银发[2007]246 号）中“涉农贷款汇总情况统计表”（银统 379 表）中的“农户农林牧渔业贷款”、“农户消费和其他生产经营贷款”、“农村企业及各类组织农林牧渔业贷款”和“农村企业及各类组织支农贷款”等 4 类贷款。

根据《财政县域金融机构涉农贷款增量奖励资金管理办法》（财金[2010]116 号）的规定，县域金融机构涉农贷款增量奖励，是指财政部门对年度涉农贷款平均余额增长幅度超过一定比例，且贷款质量符合规定条件的县域金融机构，对余额超增的部分给予一定比例的奖励。

县域金融机构涉农贷款增量奖励的对象是县域金融机构，包括县（含县级市，不含县级区，下同）辖区域内具有法人资格的金融机构（以下简称法人金融机构）和其他金融机构（不含农业发展银行，下同）在县及县以下的分支机构（以下简称金融分支机构）。

217. 根据《财政县域金融机构涉农贷款增量奖励资金管理办法》的规定，如何计算涉农贷款平均余额？

本办法中所称涉农贷款平均余额，是指县域金融机构该年度每季度末贷款余额的平均值，即每季度末贷款余额之和除以季度数。如果金融机构（网点）为当年新设，则贷款平均余额为其设立之日起的每季度末贷款余额的平均值。

218. 县域金融机构涉农贷款增量奖励资金适用的奖励条件有哪些？按照什么比例奖励？

《财政县域金融机构涉农贷款增量奖励资金管理办法》（财金[2010]116号）的第二章为此作出具体规定。见表7-3。

表7-3　县域金融机构涉农贷款增量奖励资金适用条件与比例

奖励条件	奖励比例
当年涉农贷款平均余额同比增长超过15%的部分	按2%的比例给予奖励
对年末不良贷款率高于3%且同比上升的县域金融机构	不予奖励
奖励资金于下一年度拨付，纳入县域金融机构收入核算。	

219. 县域金融机构涉农贷款增量奖励资金，中央和地方分担的比例如何划分？

奖励资金由中央和地方财政分担。东、中、西部地区，中央与地方财政分担比例分别为3∶7、5∶5、7∶3。东、中、西部地区划分标准按照《关于明确东中西部地区划分的意见》（财办预[2005]5号）规定执行。地方财政分担的奖励资金，由省级财政部门统筹确定地方各级财政分担比例。

财政部可以根据奖励政策实施效果和中央地方财力情况，适时调整实施奖励政策的地区范围、奖励标准、奖励比例和中央与地方分担奖励资金的比例。

220. 县域金融机构涉农贷款增量奖励资金按照什么程序申请、审核和拨付？

《财政县域金融机构涉农贷款增量奖励资金管理办法》(财金[2010]116 号)第四章对此作出明确规定。见表 7-4。

表 7-4　县域金融机构涉农贷款增量奖励资金申请、审核及拨付程序

申请时间	应当于年度结束 2 个月内,向县级财政部门提出申请
报送材料	报送当年奖励资金申请书及相关材料。奖励资金申请书及相关材料应当反映当年涉农贷款平均余额、同比增幅、年末不良贷款率及变动情况、可予奖励贷款增量、申请奖励资金金额等信息。
	金融分支机构以县级分支机构为单位汇总报送。
	不符合奖励条件的县域金融机构,也应向县级财政部门报送当年涉农贷款情况表,反映当年涉农贷款平均余额、同比增幅、年末不良贷款率及变动情况等数据。
县级财政部门的工作	①出具审核意见。县级财政部门收到县域金融机构的奖励资金申请书及相关材料后,在 10 个工作日内出具审核意见。 ②向省财政部门报送材料。申请材料包括县域金融机构的奖励资金申请书及相关材料、涉农贷款发放和奖励资金情况表(表 2)和县级财政部门审核意见等。
省财政部门的工作	①省级财政部门对奖励资金申请材料进行审核汇总后,送专员办审核。 ②专员办收到省级财政部门的奖励资金申请材料后,在 10 个工作日内出具审核意见并送省级财政部门。 ③省级财政部门在 4 月 30 日之前向财政部报送奖励资金申请材料,包括本省和各县涉农贷款发放和奖励资金情况表,并附专员办审核意见。

续表 7-4

财政部审核与资金拨付	①财政部审核后，据实向省级财政部门拨付奖励资金。 ②省级财政部门收到财政部拨付的奖励资金后，在 10 个工作日内转拨资金。 ③县级财政部门收到奖励资金后，在 10 个工作日内将奖励资金拨付给县域金融机构。

221. 财政部门审核拨付奖励资金的依据是什么？

财金[2010]116 号的第 14 条规定，法人金融机构应当如实统计和上报涉农贷款发放情况。其他金融机构应当加强对所属分支机构的监管，县级分支机构应当如实统计和汇总上报县级及以下分支机构涉农贷款发放情况。每季度终了后 10 个工作日内，金融机构应当向县级财政部门报送本机构该季度涉农贷款发放额和季度末余额等数据，作为财政部门审核拨付奖励资金的依据。

222. 法人金融机构应当如何统计和上报涉农贷款发放情况？

财金[2010]116 号的第 15 条规定，法人金融机构应当如实统计和上报涉农贷款发放情况。其他金融机构应当加强对所属分支机构的监管，县级分支机构应当如实统计和汇总上报县级及以下分支机构涉农贷款发放情况。每季度终了后 10 个工作日内，金融机构应当向县级财政部门报送本机构该季度涉农贷款发放额和季度末余额等数据，作为财政部门审核拨付奖励资金的依据。

223. 什么是中小企业发展专项资金？由哪些部门负责管理？

《中小企业发展专项资金管理办法》(财企[2012]96 号)文件规定，中小企业发展专项资金(以下简称专项资金)由中央财政预算安排，主要用于支持中小企业特别是小型微型企业技术进步、结构调整、转变发展方式、扩大就业，以及改善服务环境等方面。

专项资金由财政部、工业和信息化部共同管理。财政部负责专项资金的预算管理和资金拨付，会同工业和信息化部制定资金分配方案，并对资金的使用情况进行监督检查。工业和信息化部会同财政部确定专项资金年度支持重点，印发年度工作通知，建立专项资金项目管理系统，审定实施方案，并对项目实施情况进行评价和监督。

224. 中小企业专项资金支持的内容主要有哪些？采取什么支持方式？

根据财企[2012]96 号文件第 7 条的规定，专项资金主要用于以下方面：①促进中小企业特别是小型微型企业结构调整和优化。重点支持中小企业技术进步和技术改造，创建和保护自主知识产权及加强品牌建设，提升“专精特新”发展能力，加强与大企业协作配套，稳定和扩大就业，开展节能减排和安全生产，挖掘和保护特色传统工艺和产品，发展国家重点培育的产业，提升经营管理水平等。②改善中小企业特别是小型微型企业服务环境。重点支持高技术服务业、商务服务业、现代物流业等生产性服务业企业，以及中小企业服务机构等提升服务能力和服务质量，加强和改善中小企业创业、创新、质量、管理咨询、信息服务、人才培养、市场开拓等服务。

专项资金采取无偿资助、贷款贴息方式进行支持，每个企业或单位（以下简称项目单位）只能选择其中一种支持方式。专项资金无偿资助的额度，每个项目一般不超过200万元。专项资金贷款贴息的额度，按照项目贷款额度及人民银行公布的同期贷款基准利率确定，每个项目一般不超过200万元。对改善中小企业特别是小型微型企业服务环境项目的支持额度最多不超过400万元。

225. 申请中小企业项目资金，申报单位应当具备什么条件？提供哪些申报材料？

项目单位必须同时具备下列资格条件：①具有独立的法人资格；②成立1年以上（含1年）；③财务管理制度健全、规范，及时向财政部门报送企业财务会计报告和有关信息；④生产经营或业务开展情况良好；⑤会计信用、纳税信用和银行信用良好；⑥申报项目符合专项资金年度支持重点；⑦近3年没有因财政、财务及其他违法、违规行为受到县级以上财政部门及相关监管部门的处理处罚；⑧应当具备的其他条件。

项目单位应同时提供下列资料：①营业执照副本及章程（复印件）；②经会计师事务所审计的年度会计报表和审计报告（复印件）；③项目可行性研究报告或项目申请说明；④项目单位对申报资料真实性负责的声明；⑤其他需提供的资料。

项目单位应按要求将项目信息及时录入专项资金项目管理系统。

226. 中小企业项目资金的申报、审核与资金拨付，按照什么程序进行？

中小企业项目资金的申报、审核与资金拨付，应当按照财企[2012]96号文件第7条的规定执行。见表7-5。

表 7-5 中小企业项目资金的申报、审核及资金拨付的程序

提出项目申请	项目单位根据各省、自治区、直辖市、计划单列市及新疆生产建设兵团中小企业主管部门和同级财政(财务)部门(以下简称省级中小企业主管部门和省级财政部门)有关项目申报工作要求,向本地区中小企业主管部门和财政部门提出项目申请。
制定省级实施方案	省级财政部门和中小企业主管部门研究提出本地区年度实施方案,其中用于小型微型企业和改善服务环境的资金规模不得少于申请额的 80%,在每年 2 月底前上报财政部、工业和信息化部。
财政部下达预算指标	财政部根据预算规模、项目年度实施方案,确定资金分配方案,并及时向省级财政部门下达预算指标。
省级主管部门公开组织项目申请	①省级中小企业主管部门会同财政部门在本地区范围内公开组织项目申请工作,并纳入专项资金项目管理系统进行管理,并接受社会监督。 ②省级中小企业主管部门会同财政部门聘请具有相关专家资源的资产评估、中小企业服务等专业机构对申请项目进行评审,并出具有法律效力的评审意见书。项目评审费用在专项资金中列支,按照不超过下达各地区专项资金额度的 0.5%控制。 ③省级中小企业主管部门根据评审意见书,提出项目和资金支持计划,经省级财政部门审定后,向社会公示,接受监督,公示期不少于 7 个工作日。 ④公示期结束后,省级财政部门和中小企业主管部门将本地区专项资金工作情况、公示无异议的项目和资金支持计划,上报财政部、工业和信息化部备案。
资金拨付	备案后,省级财政部门按照预算管理的有关规定,在 1 个月内将资金拨付至项目单位。

227. 什么是中小企业信用担保资金？资金拨付对象有哪些？由哪些部门进行预算管理及监督？

根据《中小企业信用担保资金管理办法》（财企[2012]97 号）第 2 条的规定，中小企业信用担保资金（以下简称担保资金）是由中央财政预算安排，专门用于支持中小企业信用担保机构（以下简称担保机构）、中小企业信用再担保机构（以下简称再担保机构）增强业务能力，扩大中小企业担保业务，改善中小企业特别是小型微型企业融资环境的资金。

财政部负责担保资金的预算管理及资金拨付，会同工业和信息化部确定项目资金分配方案，并对资金的使用情况进行监督检查。

工业和信息化部会同财政部确定担保资金的年度支持重点，建立担保资金项目管理系统，组织项目申报和审核，并对项目实施情况进行监督检查，在担保机构业务信息报送工作基础上开展担保（再担保）项目储备工作。

228. 中小企业信用担保资金采取哪些支持方式？支持额度有多少？

中小企业信用担保资金支持的方式以及支持的额度，按照《中小企业信用担保资金管理办法》（财企[2012]97 号）文件的规定执行。见表 7-6。

表 7-6 中小企业信用担保资金的支持方式与额度

支持方式	支持额度(比例)
业务补助	符合条件的担保机构开展的中型、小型、微型企业担保业务,分别按照不超过年平均在保余额的1%、2%、3%给予补助。
	对符合条件的再担保机构开展的中型和小型微型企业再担保业务,分别按照不超过年平均在保余额的0.5%和1%给予补助。
保费补助	在不提高其他费用标准的前提下,对担保机构开展的担保费率低于银行同期贷款基准利率50%的中小企业担保业务给予补助,补助比例不超过银行同期贷款基准利率50%与实际担保费率之差,并重点补助小型微型企业低费率担保业务。
资本金投入	对符合条件的担保机构、再担保机构,按照不超过新增出资额的30%给予注资支持。

符合条件的担保机构、再担保机构可以同时申请以上不限于一项支持方式的资助,但单个担保机构当年获得担保资金的资助额最多不超过2 000万元,单个再担保机构当年获得担保资金的资助额最多不超过3 000万元(资本金投入方式除外)。

229. 申请中小企业担保资金的担保机构必须具备哪些条件?

《中小企业信用担保资金管理办法》(财企[2012]97号)中明确规定,申请担保资金的担保机构必须同时具备下列条件:①依据国家有关法律、法规设立和经营,具有独立企业法人资格,取得融资性担保机构经营许可证。②经营担保业务2年及以上,无不良信用记录。③担保业务符合国家有关法律、法规、业务管理规定及产业政策,当年新增中小企业担保业务额占新增担保业务总额的70%以上或当年新增中小企业担保业务额10亿元以上。④对单个企业提供的担保责任余额不超过担保机构净资产的10%,对